MARCO POLO
TSCHECHIEN

Reisen mit Insider-Tips

Diese Tips sind die ... Empfehlungen un... Sie sind im Text ...

*Sechs Symbole sollen Ihnen
die Orientierung in diesem Führer erleichtern:*

für Marco Polo Tips – die besten in jeder Kategorie

für alle Objekte, bei denen Sie auch eine schöne Aussicht haben

für Plätze, wo Sie bestimmt viele Einheimische treffen

für Treffpunkte für junge Leute

(A1)
Koordinaten für die Übersichtskarte
(O) *Außerhalb des Kartenbereiches*

*Die Marco Polo Route in der Karte verbindet die
schönsten Punkte von Tschechien zu einer Idealtour.*

*Diesen Führer schrieben der gebürtige Prager Lubor Vorel
und seine Tochter Lucie Brandl.
Beide bereisen Tschechien regelmäßig.
Die Marco Polo Reihe wird herausgegeben
von Ferdinand Ranft.*

MAIRS GEOGRAPHISCHER VERLAG

Für Ihre nächste Reise gibt es folgende Titel dieser Reihe:

Ägypten • Alaska • Algarve • Allgäu • Amrum/Föhr • Amsterdam • Andalusien • Antarktis • Argentinien/Buenos Aires • Athen • Australien • Bahamas • Bali/Lombok • Baltikum • Bangkok • Barcelona • Bayerischer Wald • Berlin • Berner Oberland • Bodensee • Bornholm • Brasilien/Rio • Bretagne • Brüssel • Budapest • Bulgarien • Burgenland • Burgund • Capri • Chiemgau/Berchtesgaden • China • Costa Brava • Costa del Sol/Granada • Costa Rica • Côte d'Azur • Dänemark • Disneyland Paris • Dolomiten • Dominik. Republik • Dresden • Dubai/Emirate/Oman • Düsseldorf • Eifel • Elba • Elsaß • England • Erzgebirge/Vogtland • Feuerland/Patagonien • Finnland • Flandern • Florenz • Florida • Franken • Frankfurt • Frankreich • Frz. Atlantikküste • Fuerteventura • Galicien/Nordwest-Spanien • Gardasee • Gran Canaria • Griechenland • Griech. Inseln/Ägäis • Hamburg • Harz • Hawaii • Heidelberg • Holland • Hongkong • Ibiza/Formentera • Indien • Ionische Inseln • Irland • Ischia • Island • Israel • Istanbul • Istrien • Italien • Italien Nord • Italien Süd • Ital. Adria • Ital. Riviera • Jamaica • Japan • Java/Sumatra • Jemen • Jerusalem • Jordanien • Kalifornien • Kanada • Kanada Ost • Kanada West • Karibik: Große Antillen • Karibik: Kleine Antillen • Kärnten • Kenia • Köln • Kopenhagen • Korsika • Kreta • Krim/Schwarzmeerküste • Kuba • Lanzarote • La Palma • Leipzig • Libanon • Lissabon • Lofoten • Loire-Tal • London • Luxemburg • Madagaskar • Madeira • Madrid • Mailand/Lombardei • Malediven • Mallorca • Malta • Mark Brandenburg • Marokko • Masurische Seen • Mauritius • Mecklenburger Seenplatte • Menorca • Mexiko • Mosel • Moskau • München • Namibia • Nepal • Neuseeland • New York • Normandie • Norwegen • Oberbayern • Oberital. Seen • Oberschwaben • Österreich • Ostfries. Inseln • Ostseeküste: Mecklbg.-Vorp. • Ostseeküste: Schlesw.-Holst. • Paris • Peking • Peloponnes • Pfalz • Polen • Portugal • Potsdam • Prag • Provence • Rhodos • Rom • Rügen • Rumänien • Rußland • Salzburg/Salzkammergut • San Francisco • Sardinien • Schottland • Schwarzwald • Schweden • Schweiz • Seychellen • Singapur • Sizilien • Slowakei • Spanien • Spreewald/Lausitz • Sri Lanka • Steiermark • St. Petersburg • Südafrika • Südamerika • Südengland • Südkorea • Südsee • Südtirol • Sylt • Syrien • Taiwan • Teneriffa • Tessin • Thailand • Thüringen • Tirol • Tokio • Toskana • Tschechien • Tunesien • Türkei • Türk. Mittelmeerküste • Umbrien • Ungarn • USA • USA: Neuengland • USA Ost • USA Südstaaten • USA West • Usedom • Venedig • Vietnam • Wales • Die Wartburg/Eisenach und Umgebung • Weimar • Wien • Zürich • Zypern • Die 30 tollsten Ziele in Europa • Die tollsten Hotels in Deutschland • Die tollsten Restaurants in Deutschland

Die Marco Polo Redaktion freut sich, wenn Sie ihr schreiben:
Marco Polo Redaktion, Mairs Geographischer Verlag
Postfach 31 51, D-73751 Ostfildern

Unsere Autoren haben nach bestem Wissen recherchiert. Trotzdem schleichen sich manchmal Fehler ein, für die der Verlag keine Haftung übernehmen kann.

Titelbild: Marienbad, Kurhaus (Mauritius/Vidler)
Fotos: Brandl (42); Hartl (63); HB Verlag, Hamburg (7, 29, 34);
Janfot (8, 15, 26, 33, 40, 46, 52, 55, 57, 74, 88); Lade: Krecichwost (50, 85), Thompson (30);
Layda (37); Mauritius: Hänel (24), Hubatka (71), Kosek (76, 82), Mehlig (12, 64, 67, 80),
Rawi (20); Steffens: Janicek (38); Transglobe: Grehan (Anreise); Trummer (4)

1. Auflage 1996 © Mairs Geographischer Verlag, Ostfildern/Hachette, Paris
Gestaltung: Thienhaus/Wippermann (Büro Hamburg)
Kartographie: Mairs Geographischer Verlag
Lektorat: Kristine von Soden
Sprachführer: In Zusammenarbeit mit dem Ernst Klett Verlag für Wissen und Bildung GmbH,
Redaktion PONS Wörterbücher.

Das Werk einschließlich aller seiner Teile ist urheberrechtlich geschützt. Jede urheberrechtsrelevante Verwertung ist ohne Zustimmung des Verlages unzulässig und strafbar. Das gilt insbesondere für Vervielfältigungen, Übersetzungen, Nachahmungen, Mikroverfilmungen und die Einspeicherung und Verarbeitung in elektronischen Systemen.

Printed in Germany
Gedruckt auf 100% chlorfrei gebleichtem Papier

INHALT

Auftakt: Entdecken Sie Tschechien! 5
*Landschaftliche Schönheit und glanzvolle Architektur im Herzen
Europas: Genießen Sie nach Herzenslust!*

Geschichtstabelle 11

Tschechien-Stichworte: Von Adel bis Wirtschaft 13
Ein kleines Lexikon als Schlüssel zur tschechischen Mentalität

Essen & Trinken: Bier, Braten und Buchteln 21
*Fasten kann man hinterher: Im Mutterland des Knödels
wird deftig gespeist*

Einkaufen & Souvenirs: Glas, Gold und Granatschmuck 25
Hochwertige Handarbeit hat Hochkonjunktur

Tschechien-Kalender: Musikfestivals und Folklore 27
Traditionelle Feste mit Volksmusik erleben eine Renaissance

Mittelböhmen: Kulturgüter satt 31
Im Herzen Böhmens pulsiert nicht nur das Goldene Prag

Westböhmen: Urquell und Glauberquellen 43
Jedem das Seine: fürstlich kuren oder genüßlich Bier trinken

Südböhmen: Wälder und Teiche in Hülle und Fülle 53
*Kein Wunder, daß in Südböhmen so viele Burgen und
prachtvolle Schlösser stehen*

**Nord- und Ostböhmen:
Bizarre Gebirge und böhmische Granate** 65
Der Nordosten bietet viel Natur und Kultur

Mähren: Im Osten viel Schönes 77
Lassen Sie sich von der Fröhlichkeit der Mährer anstecken!

Praktische Hinweise: Von Auskunft bis Zoll 90
*Die wichtigsten Adressen und Informationen für Ihre Reise
nach Tschechien*

Warnung: Bloß nicht! 93
Worauf Sie achten, und was Sie vermeiden sollten

Was bekomme ich für mein Geld? 94

Register 95

Sprachführer Tschechisch: Sprechen und Verstehen ganz einfach   48/49

AUFTAKT

Entdecken Sie Tschechien!

*Landschaftliche Schönheit und glanzvolle Architektur
im Herzen Europas: Genießen Sie nach Herzenslust!*

Mit »Ahoj« heißen die Tschechen Besucher in ihrem Land willkommen, jenem Binnenland im Herzen Europas, das sich nach einem vierzig Jahre währenden Dornröschenschlaf anschickt, ein lohnendes Ferienland zu werden. Die Vorteile liegen auf der Hand: Tschechien ist leicht zu erreichen, preisgünstig, und dank der Sprachbegabung der Tschechen kommt man mit Deutsch oder Englisch gut zurecht. Was viele nicht wissen: Tschechien ist ein sehr vielfältiges Land, dessen Reiz in der Symbiose wunderschöner Landschaften und historisch bedeutender Kulturstätten liegt. Großartig erhaltene Romanik und Gotik, einzigartige Renaissance, üppiger Barock, eleganter Jugendstil und abstrakter Kubismus – die Stile aus tausend Jahren harmonieren nebeneinander, als ob sie von vornherein so geplant gewesen wären. Und das Angenehme ist: Wenn Sie sich an Architektur, Kultur und Geschichte sattgesehen haben, ist es

Prag – die Goldene Stadt mit ihrer geschichtsträchtigen Burg und Karlsbrücke

oft nur ein Katzensprung zu herrlicher Natur in lieblichen, verträumten, bewaldeten und gebirgigen Formen.

Von Prag abgesehen, das derzeit jährlich von 30 Millionen Besuchern überflutet wird, und wo man in den Sommermonaten kaum noch Einheimischen begegnet, ist Tschechien touristisch noch zum Teil »ein böhmisches Dorf«, Terra incognita. Daß Prag ein urbanes Unikum darstellt, wissen die meisten, doch ist Prag nur die Spitze des Eisbergs, der sich böhmische und mährische Kulturlandschaft nennt. Und die wartet darauf, entdeckt zu werden. Böhmen und Mähren zu entdecken, ist wahrlich kein Problem: Tschechien hat mit 78 000 qkm etwa die Größe Bayerns, die Hauptsehenswürdigkeiten liegen relativ nahe beieinander, und das gut ausgebaute Straßen-, Bus- und Bahnnetz garantiert ein zügiges Vorwärtskommen.

Seit jeher zählen Böhmen und Mähren zum europäischen Kernland, und nicht von ungefähr ließen Kaiser, Könige, Adlige und wohlhabende Bürger hier im Verlauf von tausend Jahren prachtvolle Bauwerke, Burgen,

Schlösser, Kirchen und Klöster erschaffen. Wie in einem gut sortierten Antiquitätengeschäft können sich Kunst- und Kulturfreunde an 1001 Burgen und 1001 Schlössern – genauer gesagt: 2032 – mit märchenhaften Schätzen wie aus 1001-Nacht erfreuen. Sie finden im Land Städte, die, ob groß oder klein, immer einen alten historischen Kern haben voller architektonischer Meisterwerke, die Zeiten erlebt haben, als die tschechischen Länder auf der politischen Bühne noch führende Rollen spielten. Was heute von den Bauten und Kunstwerken erhalten ist, wird liebevoll gehegt und gepflegt oder steht unter Denkmalschutz auf der Warteliste der Restauratoren.

Goethe nannte das Land mit Recht »einen Kontinent mitten im Kontinent«. Es bietet alles, was zu einem Kontinent gehört, außer dem Meer, das die Einheimischen schmerzlich vermissen. Wer keins hat, muß sich eins schaffen, sagten sich die Tschechen und stauten einige ihrer Flüsse zu großen Seen auf, die sie dann »Böhmisches Meer« und »Mährische Adria« nannten. Der auf 700 m Höhe am Rande des Böhmerwaldes gelegene Lipno-Stausee und der süd-

mährische Vranov-Stausee, die Stauseen Slapy, Jesenice und Skalka sowie unzählige Weiher, großflächige Teiche und Seen sind mit ihren Sandstränden und seichten Uferbereichen für Familien mit Kindern ideal; sie lassen die Sehnsucht nach Meer verblassen. Surfen, Baden, Angeln, Rudern – das Sportangebot in diesen Freizeitlandschaften ist enorm, die nötige Ausrüstung kann man meistens vor Ort ausleihen. Überhaupt ist Tschechien ein beliebtes Ziel von Wassersportlern, die die schönen und sauberen Oberläufe vieler Flüsse und das große Campingplatzangebot nutzen. Eine weit verbreitete Alternative zu Zelt und Wohnwagen stellen Ferienhäuser dar, die in landschaftlich herausragenden Erholungsgebieten Böhmens und Mährens preiswert Unterkunft bieten.

Böhmen und Mähren – zwei Länder, eine Sprache. Beide verbindet die tausendjährige gemeinsame Geschichte und die liebliche Böhmisch-Mährische Höhe, ein eigentümliches und bisher wenig entdecktes Fleckchen Erde, in dem der Urlauber vor allem eines findet: Ruhe. Hier und in den angrenzenden Dörfern Südböhmens und Südmährens kommt ein Funken Nostalgie auf: Die

---

Die Marco Polo Bitte

Marco Polo war der erste Weltreisende. Er reiste in friedlicher Absicht, verband Ost und West. Er wollte die Welt entdecken, fremde Kulturen kennenlernen, nicht zerstören. Könnte er für uns Reisende des 20. Jahrhunderts nicht Vorbild sein? Aufgeschlossen und friedlich sollte unsere Haltung in anderen Ländern sein. Dazu gehören auch Respekt vor Mensch und Tier und die Bewahrung der Umwelt.

AUFTAKT

Wassersport wird an der aufgestauten Moldau großgeschrieben

Häuser im volkstümlichen Bauernbarock, die schilfumwachsenen Dorfteiche und die lebendige Folklore erinnern an Großmutters Zeiten. Die Gegend ist für Fahrradtouren wie geschaffen: vergleichsweise leere Landstraßen, ruhige Radwege, Mountainbike-erprobte Waldwege und ein leicht hügeliges Terrain ohne große Steigungen.

Was wäre ein Kontinent ohne einen Vulkan? Aktiv ist keiner mehr in Tschechien. Aber ihnen ist zu verdanken, daß in den ehemals und wohl bald wieder mondänen westböhmischen Weltbädern Heilquellen sprudeln. Vor allem nach Mariánské Lázně kommen viele Besucher, auch um Golf zu spielen: Der Marienbader Golfplatz gilt als der schönste der neun Golfplätze Tschechiens. Auch Tennis wird im Heimatland von Martina Navrátilová und Ivan Lendl großgeschrieben: In Tennisschulen unter professioneller Anleitung ehemaliger Nationaltrainer kann man seine Technik verbessern.

Natürliche Grenzen bilden die fast ineinander übergehenden Gebirge im Westen, Norden und Osten Tschechiens; teils sanfte und wellige Hügel, teils bizarre und schroffe Felsen. Bemerkenswerte Volksarchitektur, Burgruinen, Naturschutzgebiete mit vielfältiger Fauna und Flora, Schluchten, Höhlen und Urwaldreservate erkunden Wanderer auf gut markierten Wegen oder klassischen Kammtouren. Alpenverwöhnte werden nicht mit Abfahrtsskiern anreisen, auch wenn vor allem im Riesengebirge (Krkonoše) passable Lifte und Pisten vorhanden sind, Skilangläufer aber können im Böhmerwald (Šumava), den Hochlagen Nordostböhmens und Nordmährens mit einer Vielzahl guter Loipen rechnen. Kletterparadiese aller Schwierigkeitsstufen finden Kraxler im Elbsandsteingebirge (Labské pískovce), in den faszinierenden Felsenstädten Adršpašsko-Teplické skály und im »paradiesischen« Naturschutzpark Český ráj (Böhmisches Paradies). Besungen wird dieses »Paradies auf Erden« im Kleinformat in der tschechischen Nationalhymne; auf 125 qkm erstreckt es sich in Nordböhmen. Phantastische Steinlabyrinthe und bizarre Felsformationen, die aus Fichtenwäldern emporsteigen, Ruinen, Burgen und Höhlen dienten vor dreihundert Jahren Andersgläubigen als Verstecke vor dem Zugriff der mächtigen Staatskirche. Den natürlichen Gegensatz zum überirdischen Paradies bildet die Unterwelt, die tiefe Schlucht Macocha im Karstgebiet Moravský kras, deren unterirdischer Fluß Styx hier Punkva genannt wird. Einer Legende nach soll hier eine böse Stiefmutter – *macecha* – ihre beiden Stiefkinder hinabgestürzt haben. Zwei Versionen kursieren seitdem: Sie konnten sich retten, sie kamen auf dem Abgrund ums Leben.

Hunderte solcher Legenden und Mythen erzählt man sich in Tschechien. Libuše, die sagenhafte Gründerin Prags und Gemahlin des ersten tschechischen Fürsten Přemysl, prophezeite von der hoch über der Moldau gelegenen Burg Vyšehrad aus die Entstehung einer ruhmreichen Stadt. Ihr Name werde Praha sein, denn hier würden Schwellen – *prahy* – über die seichten Furte der Moldau gelegt werden. Die Stadt wuchs unter den

Volkstümlicher Bauernbarock in Südböhmen

AUFTAKT

Böhmische Dörfer

Die Redewendung bezeichnet seltsame oder unverständliche Dinge. Zwei Bedeutungen hat sie in Hübners Conversations-Lexicon aus dem Jahre 1735. Zum einen »ungewöhnliche Nahmen«. Zum anderen: »Dahero sagt man von einem einfältigen Menschen, der nicht viel von andern Ländern gesehen oder gehöret, das sind ihm Böhmische oder Spanische Dörfer«. Verständlicherweise benutzen die Tschechen für Unverständliches den zweiten Begriff: Spanische Dörfer.

Přemysliden, Luxemburgern, Jagellonen, Habsburgern und nach der Gründung der Tschechoslowakei 1918 zu einer historischen Superstadt. Zweimal auf dem Höhepunkt ihres Ruhmes war Prag Zentrum des europäischen Geisteslebens. Der böhmische König und Kaiser des Heiligen Römischen Reiches, Karl IV. (1316–1378), erhob Prag zum Mittelpunkt seines Reiches; ihm verdankt die Stadt einen Baueifer, der sie zu einer Metropole mit 40 000 Einwohnern machte. Der geniale Karl gründete 1348 die erste mitteleuropäische Universität, ließ einen neuen Stadtteil errichten (die großzügig angelegte Neustadt um den Wenzelsplatz), baute den St.-Veits-Dom, die Karlsbrücke und die mächtige Burg Karlštejn.

All das nutzte der passionierte Sammler Rudolf II. (1552–1612) zur Aufbewahrung seiner Kunstschätze und machte Prag zu einer »Kunst- und Schatzkammer Europas«. Der Habsburger verlegte seine ständige Residenz von Wien nach Prag, die Stadt wurde zum zweitenmal Hauptstadt des Heiligen Römischen Reiches. Wissenschaftler und Künstler aus ganz Europa gingen an seinem Hof ein und aus. Zwar beschäftigte er auch Alchimisten, die für ihn Gold herstellen sollten, aber das großzügig zur Dekoration vieler Bauwerke verwendete Edelmetall stammt nicht aus Chemikerhand.

Zwei Glanzzeiten – zwei Fensterstürze. Der erste Prager Fenstersturz leitete 1419 die Hussitenkriege ein, der zweite 1618 den Dreißigjährigen Krieg, nach dessen Ende 1648 die Habsburger ununterbrochen bis zur Gründung der Tschechoslowakei 1918 das Sagen im Land hatten. Der 1848 für die Gleichberechtigung aller im Land lebenden Nationalitäten eintretende Slawenkongreß in Prag wurde blutig niedergeschlagen. Eigenartigerweise enden die Schicksalsjahre der Tschechen fast immer mit einer acht: 1348, 1618, 1648, 1848, 1918, 1938, 1948, 1968 – nur 1989 bildet da eine Ausnahme: Die sanfte Revolution hätte eigentlich ein Jahr früher stattfinden müssen, und tatsächlich waren Polizei und Militär 1988 unentwegt in Alarmbereitschaft.

Einen schweren Schock erlitten die Tschechen 1938, als ihre seit tausend Jahren bestehenden Grenzen im »Münchener Abkommen« geändert wurden und das Sudetenland an Hitler-

Deutschland fiel. Ohne schützende Gebirge und ohne Grenzbefestigungsanlagen war das Land Hitler schutzlos ausgeliefert, wurde im März 1939 besetzt und zum »Protektorat Böhmen und Mähren« erklärt. Über 280 000 Tschechen und Slowaken kamen zwischen 1939 und 1945 um, über 180 000 tschechoslowakische Juden starben in KZs. Nach der Katastrophe des Zweiten Weltkrieges begann eine Nachkriegskatastrophe: die Vertreibung der unsinnig zur Kollektivschuld verurteilten Deutschen und damit das Ende des Jahrhunderte währenden deutsch-tschechischen Zusammenlebens. 1948 rissen die Kommunisten die Macht an sich, und der politische und wirtschaftliche Abstieg der Tschechoslowakei nahm seinen Lauf.

Wie sind eigentlich die Tschechen, wie entwickelte sich ihr Nationalcharakter, und was beeinflußte ihn? Die 10,5 Mio. Tschechen bilden eine relativ kleine Nation, die ein Land bevölkert, in dem jeder Krieg, den Europa anzettelte und durchmachte, ganz gleich, ob Glaubens- oder Eroberungskriege, Verwüstung hinterließ, und in dem sich fast jedesmal eine neue Staatspolitik einstellte. Der 1896 in Prag geborene deutsche Schriftsteller Johannes Urzidil beschrieb den tschechischen Charakter folgendermaßen: »So sehen wir die Tschechen in langen Phasen als kämpferische und kriegerische Nation, aktiv und voll von Initiative ... Wir sehen sie aber auch in langen Intervallen eines bloß passiven, schwermütigen Verharrens und Abwartens und dann wieder in Perioden des Aufbegehrens und der Rebellion ...« Eine dieser Perioden der Rebellion waren die Hussitenkriege am Anfang des 15. Jhs., ein Versuch, die Kirche und den mit ihr eng verbundenen Staat zu reformieren. Nicht zu Unrecht sagt man, auch nach 600 Jahren schlummere in jedem Tschechen noch ein Stück Hussite. Und bestimmt auch ein Stück Schwejk, der dem Obrigkeitsstaat privat den Krieg erklärte.

Noch zweimal rebellierte die Nation erfolglos: 1618 gegen den katholischen Kaiser und 1968 gegen die kommunistische Staatsdiktatur, deren Wirtschaftspolitik das Land in den Ruin trieb. Dubčeks Reformen wurden von sowjetischen Panzern überrollt.

Erfolgreich hingegen war die Rebellion 1989, an der fast jeder Tscheche teilnahm – ob jung oder alt, ob Arbeiter oder Student. Die Nation war damals politisch hochmotiviert, doch längst ist der nichtsozialistische Alltag eingekehrt, längst überwiegen private Interessen. Auf Außenstehende wirken die Tschechen pragmatisch, fast konservativ, leicht unterkühlt, doch trotzdem höflich, hilfsbereit und gastfreundlich. Sie haben Humor, veralbern alles und jeden, auch sich selbst. Das gigantische, bereits 1962 vom Prager Letná-Hügel entfernte Stalin-Denkmal, auf welchem dem sowjetischen Diktator Kämpfer, Arbeiter und Bauern folgen, nannten die Tschechen »Schlangestehen für Fleisch«. Schlangestehen haben die Tschechen jetzt nicht mehr nötig, sie nähern sich politisch und wirtschaftlich einem geeinten Europa mit Riesenschritten.

AUFTAKT

Geschichtstabelle

400–100 v. Chr.
Ausbreitung der Kelten bis Böhmen, das vom Stamm der Bojer seinen Namen »Bohemia« erhielt

500 n. Chr.
Slawische Stämme besiedeln das Land

um 830
Mojmír I. gründet das Großmährische Reich

um 880
Herrschaft der Přemysliden (bis 1306) in Böhmen

um 925
Der später heilig gesprochene Fürst Wenzel I. baut die Veitskirche auf der Prager Burg

973
Gründung des Bistums Prag

1253–78
Unter Přemysl Otakar II. Höhepunkt der Přemysliden-Macht

1348
Karl IV. gründet die erste mitteleuropäische Universität in Prag und die Prager Neustadt

1415
Der Reformator Jan Hus wird als Ketzer verbrannt. Nach dem 1. Prager Fenstersturz Hussitenkriege bis 1434

1526
Thronbesteigung der Habsburger in Böhmen

1576–1611
Blüte Böhmens unter Rudolf II.

1618
Der 2. Prager Fenstersturz und der Ständeaufstand lösen den Dreißigjährigen Krieg aus; Gegenreformation

1848
Aufstand und Straßenschlachten in Prag

28. 10. 1918
Gründung der tschechoslowakischen Republik unter Präsident Tomáš Masaryk

1938
»Münchener Abkommen« – Sudetenland fällt an Nazi-Deutschland

15. 3. 1939
Die deutsche Wehrmacht besetzt das Land, »Reichsprotektorat Böhmen und Mähren«

1945
Rote Armee in Prag, Vertreibung der Sudetendeutschen

1948
Kommunistischer Putsch

1968
»Prager Frühling« – die Warschauer-Pakt-Truppen marschieren ein

1989
Die »samtene Revolution«, Václav Havel wird Präsident

1993
Teilung der Tschechoslowakei in die Tschechische Republik und die Slowakische Republik

STICHWORTE

Von Adel bis Wirtschaft

Ein kleines Lexikon als Schlüssel zur tschechischen Mentalität

Adel

Noch im letzten Jahrhundert nannte die böhmische Aristokratie riesige Ländereien mit Hunderttausenden von Bediensteten ihr eigen. Ihre deutsch klingenden Familiennamen haben die Rožmberks, Švamberks und Šternberks übrigens im frühen Mittelalter angenommen, ähnlich wie später französische Bezeichnungen eine Modeerscheinung waren (Sanssouci, Belvedere) und in unserer Zeit Anglizismen. Nach 1989 bekam die Aristokratie ihr unter den Kommunisten enteignetes Eigentum teilweise zurück. Ihre nach der Entstehung der Tschechoslowakei 1918 aberkannten Titel dürfen die tschechischen Adligen aber nach wie vor nicht wieder tragen. Sympathie für den über Jahrhunderte unbeliebten Adel kam allerdings auf, als viele Adelsfamilien Zivilcourage bewiesen und jegliche Zusammenarbeit mit den Nazis und später mit den Kommunisten ablehnten.

Burg Karlštejn – hier herrschte und meditierte der große Staatsmann Karl IV.

»Bäderweltmeister«

Ein deutscher Hotelbesitzer erzählte, er fahre schon zum zehnten Male zur Kur nach Jáchymov (Joachimstal). Auslöser seiner Entscheidung war vor etlichen Jahren eine Gruppe Achtzigjähriger, die während einer Veranstaltung in seinem Hotel unermüdlich das Tanzbein schwang und dem verblüfften Hotelier verriet, daß sie regelmäßig in Jáchymov kure. So etwas stimuliert. Andere Kurbedürftige ziehen Teplice vor, das schon die Kelten kannten. Beide Kurorte stehen zu Unrecht im Schatten des berühmten Bäderdreiecks Karlsbad, Marienbad und Franzensbad.

Im mährischen Jeseník (Gräfenberg) heilte der bekannte Naturheilkundige Vinzenz Prießnitz, seine Heilmethoden werden in einer zeitgemäßen Form noch heute angewandt. Wirkungsvoll sind die Moorbäder in Třeboň. Die seit dem 17. Jh. bekannten elf Mineralquellen von Luhačovice haben sich bei Bronchialerkrankungen bewährt, und zuständig fürs Herz ist Poděbrady. An die 900 Heilquellen entspringen in Böhmen und Mähren, und damit ist das Land auf diesem Gebiet tatsächlich Weltmeister.

Bier

Pilsner Urquell, Gambrinus, Budvar, Staropramen, Radegast, Fleksches Bier, Bernhard, Regent und die unzähligen anderen Biersorten haben eines gemeinsam: Sie sind gut. So gut, daß sogar die biererfahrenen Bayern im Zweiten Weltkrieg versuchten, Pilsner Urquell in München nachzubrauen. Eigens dafür besorgten sie sich alle Zutaten aus der Pilsner Brauerei, dachten sogar an Wasser aus Pilsen, hielten sich peinlich genau an die Brauanleitung – aber ein Pilsner Urquell wurde nicht daraus. Vielleicht fehlten die 9 km langen, in Sandsteinfelsen gehauenen Pilsner Gärkeller, vielleicht hatten die Tschechen ihnen etwas verschwiegen. Vielleicht aber fehlte in München der Genius loci, jener Schutzgeist des Ortes, der in Pilsen unsichtbar und heimlich in den Brauprozeß des Wunders namens Bier eingreift.

Burgen und Schlösser

Sie müssen wohl Gefallen gefunden haben an diesem Land, die böhmischen Könige und Fürsten, die über zweitausend Burgen und Schlösser bauen ließen. Fast in jeder fünften Ortschaft stehen gut oder schlecht erhaltene romanische bis klassizistische, einfache oder prachtvolle Residenzen. In den Innenräumen einiger der Schlösser präsentieren sich den Besuchern seltene Kunstobjekte von oft schwindelerregendem Wert. Zu besichtigen sind diese Schätze im April und Oktober nur am Wochenende und von Mai bis Sept. tgl. außer Mo. Fremdsprachlich und kunsthistorisch beschlagene Fremdenführer sind immer an Ort und Stelle.

Chaty und Chalupy

Sie sind ein unverzichtbarer und nicht wegzudenkender Bestandteil im Leben fast eines jeden Tschechen: *chaty* – die tschechische Datscha-Variante. Eingesperrt hinter dem Eisernen Vorhang begann ein Großteil der Tschechen während des »real existierenden Sozialismus« mit dem Bau von teils luxuriösen *chatys,* wobei der Rückzug ins Private zum Abreagieren vom sozialistischen Alltag diente. *Chalupy,* während der Kollektivierung der Landwirtschaft verlassene Bauernhäuser, wurden begehrte Kaufobjekte, für deren Modernisierung an unzähligen Wochenenden geschuftet wurde. Die magische Anziehungskraft der *chaty* und *chalupy* hält bis heute an. Mit Sack und Pack verlassen Autokolonnen von *chataři* und *chalupáři* an den Sommerwochenenden die Städte und überlassen sie den Touristen.

Comenius

Der protestantische Theologe und fortschrittliche Pädagoge Jan Amos Komenský (1592–1670) mußte nach der Schlacht am »Weißen Berg« 1620 und der anschließenden Rekatholisierung des Landes zusammen mit 30 000 protestantischen Familien ins benachbarte Ausland fliehen. Seine Bücher, in denen er für die allgemeine Schulpflicht eintrat und die neuzeitliche Erziehungslehre begründete, wurden in ganz Europa gelesen, einige waren sogar zweihundert Jahre lang in Gebrauch. Aus dem Werk »Orbis sensualium pictus« (»Die sichtbare Welt«, 1658), dessen deutsche Übersetzung bis heute über zweihundertfünfzig Male

STICHWORTE

aufgelegt wurde, lernte auch Goethe. Wie praxisnah Komenský und sein bebildertes Unterrichtswerk »Orbis« waren, zeigt die Anleitung zum Tennisspiel, das damals Adeligen vorbehalten war: »Im Ballhaus schlägt man den Ballen/welchen der eine zuschläget/der andere empfähet und zurückschläget mit dem Racket und dieses ist eine Adeliche Spielübung zu Bewegung des Leibes.«

Flora und Fauna

Etwa ein Drittel der Fläche Tschechiens ist von Mischwäldern bewaldet. Fruchtbare Obstanbaugebiete sind das Elbetal, das Böhmische Mittelgebirge, die Gegend um Prag und das klimatisch begünstigte Südmähren, wo darüber hinaus der beste Wein des Landes angebaut wird. Pflanzliche Raritäten wachsen vor allem auf den Torfmooren des Böhmerwaldes und im Riesengebirge, wo auch endemische Pflanzen gedeihen. Besonders seltene Pflanzen haben dort in Čertova zahrádka (Teufelsgarten) und in Kotelné jámy (Kesselgrube) als Relikte die Eiszeit überdauert. Auch die tiefe Schlucht Macocha ist ein Refugialgebiet für glaziale Flora. Eine artenreiche Fauna lebt in den Wäldern, Bergen und Gewässern Tschechiens. Außer Hirschen, Rehen und Wildschweinen tum-

Kostbare Intarsien, Fayencen und Tapisserien im Schloß Hluboká

meln sich in abgelegenen Teilen des Böhmerwaldes Luchse und kleine Wolfsrudel. Forellen, Karpfen, Zander und Welse leben in den vielen Flüssen, Bächen, Seen und Teichen Böhmens und Mährens. An den stehenden Gewässern siedeln viele Vogelarten, darunter Habichte, Sperber und sogar Seeadler.

Lidice

Der stellvertretende Reichsprotektor und SS-Gruppenführer Reinhard Heydrich starb eine Woche nach einem Attentat, das zwei Fallschirmspringer der aus England operierenden tschechoslowakischen Einheit am 27. Mai 1942 verübten. Um so schnell wie möglich einen Schuldigen präsentieren zu können, ging die Gestapo bewußt einer falschen Spur nach. Diese führte aus Lidice: Zwei junge Leute aus dem Bergarbeiterdorf waren 1939 nach England geflüchtet, hatten jedoch die Insel während des Krieges nicht verlassen. Willkürlich ausgewählt, wurde das Dorf als Vergeltungsmaßnahme in der Nacht zum 10. Juni 1942 umzingelt, alle 192 Männer zwischen 15 und 84 Jahren wurden erschossen. Mit ihnen starben später 60 ins KZ Ravensbrück verschleppte Frauen, 82 Kinder wurden in Lodz vergast und das Dorf dem Erdboden gleichgemacht. Die eigentlichen Attentäter fand man einige Tage später in der Prager Kirche St. Kyrill-und-Method, wo sie bei einer Schießerei mit der SS starben. Die Zerstörung Lidices rief weltweit einen Sturm der Entrüstung hervor. Solidarität bekundeten vor allem britische Bergarbeiter und trugen mit ihrer

Aktion »Lidice shall live« zum Wiederaufbau des Ortes nach dem Krieg bei. Im kleinen Museum kann man einen Film über die Vernichtung des Dorfes sehen, der von SS-Männern gedreht wurde. Der Schriftsteller Götz Fehr schrieb: »Mit der Ausrottung des Dorfes Lidice durch deutsche Polizeieinheiten waren alle Brücken der Verständigung abgebrochen.« Es ist Zeit, wieder Brücken zu bauen.

Literatur

Als zeitgenössische Prosaisten haben sich Milan Kundera (*1929), Pavel Kohout (*1928), Bohumil Hrabal (*1914) und Ivan Klíma (*1931) international einen Namen gemacht. Die tschechische Poesie hingegen ist nicht weniger gut, dem Durchschnittsleser jedoch weitgehend unbekannt. František Halas (1901–49), der Literatur-Nobelpreisträger Jaroslav Seifert (1901–86), Vladimír Holan (1905–80) und Jan Skácel (1922–89) sind Vertreter dieses Genres. Die bekanntesten Literaten Böhmens sind der utopische Satiriker Karel Čapek (1890 bis 1938), der Böhmerwaldschriftsteller Adalbert Stifter (1805–68), der traurige Genius Franz Kafka (1883–1924) und sein Freund Max Brod (1884–1968), der Autor der »Kleinseitner Geschichten« Jan Neruda (1834–91), der Prag-Liebhaber Johannes Urzidil (1896–1970), der »rasende Reporter« Egon Erwin Kisch (1885 bis 1948), der geistige Vater des Schwejk, Jaroslav Hašek (1883 bis 1923) und in jüngster Zeit der Ironiker Michal Viewegh (*1960). Der Dichter und Dissident Václav Havel (*1936) machte die ungewöhnlichste

STICHWORTE

Karriere: Aus dem Gefängnis zog er auf die Prager Burg und wurde Präsident.

Musik

»Jeder Böhme ein Musikant« – hinter diesem Ausspruch stecken die ungewöhnliche Musikalität der Böhmen, aber auch Jahrhunderte harter Arbeit. Über die Grenzen hinaus bekannt wurden böhmische Musikanten, als sie im 17. und 18. Jh. ins europäische Ausland gingen, so die Brüder Benda, Jan Stamic, Josef Mysliveček, »Il divino Boemo«, und Hunderte anderer. Damals nannte man Böhmen das »Konservatorium Europas«. Der in Wien und Salzburg verkannte Mozart kam oft nach Böhmen und schätzte das Publikum als wahren Musikkenner: »Ja, meine Prager verstehen mich.« Der berühmte tschechische Komponist Bedřich Smetana (1824–84), der Gründer der Nationalmusik, wurde paradoxerweise von seinen Eltern »Friedrich« getauft und besuchte deutsche Schulen, um in der k. u. k. Monarchie Karriere zu machen. Die Wiedergeburt des Tschechentums in der Mitte des 19. Jhs. jedoch riß ihn mit; im Zyklus »Má vlast« (»Mein Vaterland«, mit dem zweiten Satz »Die Moldau«) lobt er seine Heimat in den höchsten Tönen. Feurige und melancholische slawische Tänze, die Oper »Rusalka« und die Symphonie »Aus der Neuen Welt« machten Antonín Dvořák (1841 bis 1904) international bekannt. Im Werk des im mährischen Kalištĕ geborenen österreichischen Komponisten Gustav Mahler (1860 bis 1911) klingen mährische Volkslieder an. In den letzten Jahrzehn-

ten werden weltweit Opern des ewig jungen Leoš Janáček (1854 bis 1928), insbesondere sein Werk »Jenufa«, inszeniert.

Namen

Den Namen Martina Navrátilová kennen die meisten, aber die wenigsten wissen, daß Navrátilová die Frau oder Tochter des Navrátil bedeutet. Die Endung -ová oder -á wird auch an ausländische Namen gehängt: Jane Fondová, Claudia Schifferová, Margaret Thatcherová.

Roma und Sinti

Lustig ist das Zigeunerleben der 350 000 Roma und Sinti in Tschechien nicht. Jegliche Versuche, die Roma und die Sinti in die Gesellschaft zu integrieren, sind letztlich gescheitert. Die Absicht, sie seßhaft zu machen, endete damit, daß regelrechte Slums entstanden. Wegen ihrer anderen Lebensweise liegen die Roma und Sinti bei der übrigen Bevölkerung weit oben auf der Unbeliebtheitsskala. Nur ein kleiner Teil hat es zu qualifizierten Handwerkern oder Akademikern gebracht, und nur wenige sind erfolgreich im traditionellen Romaberuf, der Musik. Bei der Mehrheit jedoch besteht das Hauptproblem in der fehlenden Qualifikation und der damit verbundenen Arbeitslosigkeit.

Slowaken

Während der jahrhundertelangen Oberherrschaft der Ungarn hieß die heutige Slowakei Oberungarn. 1918 entstand ein gemeinsamer Staat der Tschechen und Slowaken, die Tschechoslowakei. 1939 wurden Böhmen und Mähren von Hitler-Deutschland besetzt und zum Protektorat erklärt, während die Slowakei bis 1945 ein eigenständiger Staat »von Hitlers Gnaden« war. Erneut als Teil der föderativen Tschechoslowakei, wurde aus dem Agrarland ein industriell entwickeltes Land, das sich 1993 von Tschechien trennte. Die Scheidung nach 75 Jahren verlief zivilisiert, aber nicht ganz ohne Tränen: Für viele Tschechen und Slowaken gehörte der jeweils andere Teil einfach dazu, und die Vorstellung, manch ein Ehepartner sei nun ein ausländischer Staatsbürger, war absurd. Die Slowakei hat 5,5 Mio. Einwohner, und 300 000 Slowaken leben in der Tschechischen Republik.

Teiche

Jakub Krčín aus Jelčany schrieb am 10. Mai 1584 in Třeboň: »So dem lieben Gott gefällt, will ich morgen mit frohem Sinn mit dem Bau des Rosenberger Teiches beginnen.« Dieser in Südböhmen größte Teich, damals 1060 ha, ist Bestandteil eines von Krčín ausgeklügelten Systems von einigen hundert, durch Kanäle verbundenen Teichen. Seitdem wird hier gebadet, vor allem aber werden Karpfen gezüchtet, insbesondere für das Weihnachtsmahl, das ohne diesen Fisch für die Tschechen unvorstellbar wäre. Erlebnisse besonderer Art sind das traditionelle Novemberabfischen und der Verkauf der Karpfen in den Straßen der Städte kurz vor dem Fest. Mit Keschern werden aus großen Bottichen zur Freude aller Zuschauer wahre Prachtexemplare gefischt, die sich dann bis zum Heiligen Abend in der häuslichen Badewanne tummeln dürfen.

Umwelt

Das gedankenlose Wirtschaften auf Kosten der Natur und der Menschen ist eine der schwerwiegenden und kostspieligen Hinterlassenschaften des Kommunismus. Die rücksichtslose Industrieproduktion führte zu beispiellosen Verschmutzungen der Luft und der Gewässer. Arbeitskräfte lockte der Staat in die Industrieregionen unterhalb des Erzgebirges mit überdurchschnittlichen Löhnen, die sarkastisch »Zuschlag für den Sarg« genannt wurden. Vom Waldsterben ist besonders der Norden und Westen Tschechiens betroffen. Grau verfärbte Fassaden und angegriffene Kulturdenkmäler sind aber auch auf die Abgase veralteter Fahrzeuge und das Heizen mit schwefelhaltiger Braunkohle zurückzuführen. Erste Erfolge in der Umweltpolitik sind schon zu spüren. Heil ist die Welt nach wie vor in Südböhmen und in Teilen Mährens, wo wirklich saubere Luft und fast unberührte Natur im übrigen Mitteleuropa ihresgleichen suchen.

Václav

Fürst Václav (Wenzel) wurde vor mehr als 1050 Jahren nach seinem Märtyrertod heiliggesprochen und gilt als Schutzpatron des Landes. Seine Statue auf dem Prager Wenzelsplatz war nach dem Einmarsch der Sowjetarmee 1968 und in den Tagen der sanften Revolution 1989 eine kerzen- und blumengeschmückte Kultstätte. Mit dem Sohn Václavs II., dem letzten Přemysliden Václav III., starb 1306 das Geschlecht aus. Von seiner Mutter aus dem Přemyslidengeschlecht ursprünglich auf den Namen Václav ge-

STICHWORTE

tauft, nahm der spätere Kaiser Karl IV. nach einem Aufenthalt in Frankreich den Namen seines Taufpaten Charles IV. an. Für sein geistiges und künstlerisches Schaffen zugunsten des Böhmischen Königreichs verehrte man Karl IV. als Landesvater. In den folgenden Jahrhunderten wimmelt es in der tschechischen Kunst und Geschichte von Václavs. Heute stehen an der Spitze des Staates gleich zwei Václavs: Ministerpräsident Klaus und Staatspräsident Havel. Ob auch sie sich eines Tages in die Reihe der unvergänglichen Václavs stellen werden, wird die Geschichte zeigen.

Vltava

Was für die Russen »Mütterchen Wolga« und für die Deutschen »Vater Rhein«, ist für die Tschechen die Vltava. Die Moldau im Blut hatte Bedřich Smetana, als er, bereits taub, seine symphonische Dichtung komponierte. Zartperlige Flötentöne und das Pizzicato der Geigen erwecken die Moldau im Böhmerwald zum Leben. Am Ufer des jungen Flusses tanzen Hochzeitsgäste eine melodische Polka. Alte Städte, Klöster und Schlösser spiegeln sich auf der Oberfläche des Flusses. Mächtig anschwellend schluckt die Moldau das Wasser weiterer Flüsse, majestätisch pulsiert die Erkennungsmelodie. Stürmisch trifft sie auf die Felsen vor Prag. Ein Harfenakkord begrüßt die Vltava in der hunderttürmigen Stadt, von deren Steinbrücke Heiligenstatuen in die Fluten hinabblicken. Langsam fließt die Moldau zu den Weinbergen der Königsstadt Mělník, wo sie in die Elbe mündet.

Wirtschaft

Kurz nach der sanften Wende hieß es Anfang 1990 in der F.A.Z.: »In der Tschechoslowakei war es den Kommunisten 1948 innerhalb weniger Monate gelungen, diese einstige industrielle Großmacht zu ruinieren. Heute steht das Land am Rande des Notstandes, und eine Besserung kann Jahre dauern.« Damals entschieden sich tschechische Politiker und Wirtschaftsexperten für eine schnelle und konsequente Wirtschaftsreform à la Thatcher, auch zum Preis von langjährigem Gürtel-enger-Schnallen und der Senkung des Lebensstandards. Die ersten sieben mageren Jahre überstand die tschechische Wirtschaft seitdem mit gutem Ergebnis: Trotz der Schließung vieler unrentabler Betriebe, betrug die Arbeitslosenzahl dank der Übernahme der Werksangehörigen in den Diestleistungssektor weniger als 3,5 Prozent und die Inflationsrate war die niedrigste aller postkommunistischen Länder. Ermöglicht wurde dies durch die lange Industrietradition, dank eines Potentials an qualifiziertem Fachpersonal, des importierten westlichen Know-hows und der niedrigen Löhne.

Außer Holz, Kaolin und minderwertiger Braunkohle verfügt Tschechien über keine nennenswerten Rohstoffe. Erfolgreiche Industriezweige sind der Maschinen- und Kraftfahrzeugbau, die Textil- und Glasindustrie. Die ehemals staatlichen Betriebe wurden in Aktiengesellschaften umgewandelt, die Anteile als sogenannte »Coupons« der Bevölkerung zum Kauf angeboten. Statt Volkseigentum – ein Volk von Aktionären.

ESSEN & TRINKEN

Bier, Braten und Buchteln

Fasten kann man hinterher: Im Mutterland
des Knödels wird deftig gespeist

Kulinarische Kapriolen darf man von der tschechischen Küche nicht erwarten. Bodenständiges, schmackhaftes und nahrhaftes Essen kommt in Böhmen und Mähren auf den Tisch. Traditionell wurde verspeist, was die Natur, sprich der eigene Hof oder Garten, der Wald, Fluß oder Teich, hergaben. Und da Mitteleuropa nicht am Äquator liegt und harte Arbeit an frischer Luft viel Energie verbraucht, wurden reichlich Kalorien in Form von Knödeln und Fleisch vereinnahmt. Der Mensch ist, was er ißt, oder war es umgekehrt?

Auf den Knödel jedenfalls muß näher eingegangen werden, denn dieses tschechische Grundnahrungsmittel wurde schon oft geschmäht, verpönt und verkannt. Ist er aus Kartoffeln gemacht, heißt er *bramborový knedlík*. Der Semmelknödel wird *houskový knedlík* genannt. Den Teig formt die Köchin zu großen Nocken, die sie nach dem Kochen mit einem Zwirn in Scheiben schneidet. »Behaarte« – *chlu-*

In traditionsreichen Biergärten
genießen die Prager ein kühles Bier

patý – oder mit Speck gefüllte Varianten eignen sich gleichfalls vorzüglich als Beilage zu Wild, Geflügel oder Braten. Nur schade, daß die meisten Touristen nicht in den Genuß der hausgemachten knedlíky kommen, denn sie sind unvergleichlich besser als ihre in den meisten Lokalen dargebotenen Brüder aus der Packung. Kein Braten ohne Knödel, ja. Kein Knödel ohne Braten, keinesfalls! Die süßen runden *ovocné knedlíky* aus Hefe- oder Quarkteig, wahlweise gefüllt mit Heidelbeeren, Erdbeeren, Pflaumen, Kirschen und Aprikosen, reicht man als Hauptgericht oder Nachtisch mit zerlassener Butter und bestreut sie mit Zucker, Quark, Zimt oder Mohn. Doch beim Dessert sind wir noch lange nicht. Vor dem Hauptgang werden Suppen – *polévky* –, kalte oder warme Vorspeisen – *předkrmy* – angeboten. Je nach Region stehen neben den üblichen Bouillons mit Einlagen und der oft sehr pikanten Gulaschsuppe auch herzhafte und volkstümliche Suppen auf der Speisekarte. Die Knoblauchsuppe *oukrop*, die Kuttelflecksuppe *dršťková* und die Sauerkrautsuppe *zelňačka* sind

21

Pivnice

Pivnice – die Bierkneipe und *hostinec* – das Gasthaus liegen in
tschechischen Ortschaften an strategisch wichtigen Stellen. Der
Schriftsteller Bohumil Hrabal, Prags berühmtester Biertrinker,
hatte eine schöne Erklärung für die Kneipen. Sie seien kleine
»Universitäten, wo der Genuß des Bieres den Geist zu phantasti-
schen Geschichten inspiriert. Über den Köpfen schwebt in Form
von Zigarettenrauch das große Fragezeichen des Absurden und
Wunderbaren im menschlichen Leben.« Fazit: Pivnice ist eine Universität, an der jeder auch ohne »Numerus clausus« studieren
und ohne »Numerus glasus« viel trinken darf.

---

einen Versuch wert. Pappsatt
macht die dicke südböhmische
kulajda aus Pilzen, Kartoffeln,
Dill und Kümmel. Warme Vorspeisen gibt es in Form von Pas-
teten und Ragouts. Heiße Ohren
bekommen Ungeübte von den
scharfen, mit Käse überbackenen
Teufelstoasts. Die ersehnte Ab-
kühlung bringt der nach einem
Geheimrezept aus dem Jahre
1805 hergestellte süßbittere
Kräuterlikör *Becherovka* nur mit
Tonic und Eis, pur schmeckt er
als Aperitif allerdings auch.

Wer eine landestypische
Hauptmahlzeit bestellt, kommt
am Braten nicht vorbei. Der
Schweinebraten mit Kartoffel-
knödeln und Sauerkraut, im
Volksmund *vepřo-knedlo-zélo* ge-
nannt, ist schlicht und einfach das
Nationalgericht. Zum Sauerbra-
ten *svíčková* mit einer sämigen
Rahmsoße werden Semmelknö-
del gereicht, ebenso zu Gänse-
und Entenbraten, dem Znajmer
Gulasch oder Wild. Aus dem
Böhmerwald und den Wäldern
Mährens kommen die Rebhüh-
ner, Fasane, Hasen, Hirsche,
Rehe und Wildschweine als köst-
lich zubereitete Steaks, gefüllte
Rouladen, gebratene Medaillons,
pikante Rippchen, in Sahnesauce

oder Wein, mit Preiselbeeren,
Steinpilzen oder Speck auf den
Tisch. Wer Knödel nicht oder
nicht mehr mag, dem sei zu *bram-
borák*, einer Art Kartoffelpuffer
mit Knoblauch und Majoran, ge-
raten. *Jitrnice* und *klobásy* sind gut
gewürzte Würste im Naturdarm,
die bei Schlachtfesten in großen
Mengen aus großen Schüsseln
dampfen.

So viel heftige Deftigkeit ver-
langt nach Bier. Zum Glück sind
die Tschechen Meister im Bier-
brauen. Der Gerstensaft ist ent-
weder hell oder dunkel, aber immer stark. Die Prozentzahl 10
oder 12 gibt den Stammwürzege-
halt an. Eingefleischte Biertrinker
schwören auf Pilsner Urquell,
Gambrinus, Staropramen und
Budvar. *Pivnice*, das Bierlokal, gibt
es in jedem Dorf und an jeder
Ecke. Eßkultur wird hier nicht
gepflegt, aber der schöne Brauch,
frisch gezapftes Bier im eigenen
Krug nach Hause zu tragen,
bleibt hoffentlich noch lange be-
stehen. Ganz anders verhält es
sich mit den Weinstuben –
vinárny. Hierher kommt man
nicht nur wegen des guten
Weins, sondern auch wegen des
guten Essens. Die Atmosphäre ist
meist gediegen, die Auswahl an

ESSEN & TRINKEN

in- und ausländischen Weinen oft vorzüglich. Gute Weine kommen aus dem von der Sonne verwöhnten Südmähren, wo in der Gegend um Mikulov und Bzenec seit Jahrhunderten Wein kultiviert wird. Die bereits von den Kelten angelegten Rebhänge nördlich von Prag liefern Naturweine von fürstlicher Qualität.

Trinkt man Wein zu Fisch oder ißt man Fisch zu Wein? In Südböhmen ist die Entscheidung für Fisch ein Muß. »Schwarz«, »blau«, auf Champignons, in Marinade, in Kümmel, in Bierteig und und und… wird der Třeboňer Karpfen serviert. An Heiligabend wird er traditionell paniert und mit Kartoffelsalat gereicht. Aber auch manch eine Forelle, Zander, Hecht und Wels verließen die klaren Gebirgsbäche, Seen und Teiche, um dann auf dem Rost, im Kochtopf oder Ofen in ein wohlschmeckendes Gericht verwandelt zu werden. Wer keinen Nachtisch möchte, kann jetzt schon dem Magen mit einem Pflaumenschnaps Sliwowitz – *slivovice* –, dem Hochprozentigen aus Mähren, nachhelfen. Wer Nachtisch nicht mag, ist aber selber schuld, obwohl die Auswahl an süßen Verführungen schon an Körperverletzung grenzt. Palatschinken, Liwanzen, Strudel, Obstknödel und Torten, oft kopiert und doch nie erreicht, greifen massiv den Bereich um den Bauchnabel an. Die Pfannkuchenverwandten *palačinky* und ihre Hefevariante *lívance* werden mit Heidelbeeren und Quark oder mit Schokolade und Eis serviert. Die besten Dalken – *vdolky* – und Buchteln – *buchty* – backen noch immer Großmütter an Festtagen. Auf der Zunge zergehen

die kleinen Kirmes- oder Hochzeitskolatschen – *koláčky* – mit einer Füllung aus Mohn, Quark oder Pflaumenmus. *Povidla* heißen die blubbernden Pflaumen, weil sie beim Kochen »erzählen« (povídají). Die köstliche Prager Nußtorte wird ganz ohne Mehl gebacken. Den Kaffee dazu trinken die Tschechen schwarz und mit Satz, der als Relikt aus der Zeit der türkischen Belagerung Wiens stammt und von dort nach Böhmen und Mähren kam. Cafés heißen *kavárny* und bieten neben dem erwähnten Kaffee *turek* neuerdings auch gefilterten Kaffee, Espresso und Cappuccino. Überhaupt hat sich die gesamte Gastroszene im Zuge der Privatisierung gebessert. Zu exquisiten Gourmet-Tempeln haben sich traditionell vorzügliche Restaurants der oberen Preisklasse in Prag und den größeren Städten gewandelt. An ihre Stelle treten neue, stilvoll eingerichtete Lokale mit internationalem und einheimischem Repertoire. Aber auch die gastronomischen Einrichtungen der mittleren und unteren Preisklasse haben die Konkurrenz zu spüren bekommen und bemühen sich um ihre Gäste. Hier kann der Hungrige zwischen den fertigen Gerichten *hotová jídla*, die sehr preiswert, aber von mittlerer Qualität sind, und den geschmacklich besseren, aber teureren *jídla na objednávku* – auf Bestellung – wählen. Die Zeiten der lieblos dahingeklatschten Spatzenportionen, wie noch vor wenigen Jahren gang und gäbe, sind vorbei.

Mehr über Essen und Trinken auf den Sonderseiten im MARCO POLO Sprachführer »Tschechisch«.

EINKAUFEN & SOUVENIRS

Glas, Gold und Granatschmuck

Hochwertige Handarbeit hat Hochkonjunktur

In Tschechien gewesen zu sein und kein noch so kleines Mitbringsel aus böhmischem Kristall mitgebracht zu haben, gleicht fast schon einer Sünde. Großartige Glaswaren stellt die renommierte Karlsbader Firma Moser nach der Devise »The Glass of Kings, The King of Glass« her. Ihnen stehen die Glasprodukte aus dem Riesengebirgsort Harrachov, das hochemaillierte Glas aus Nový Bor oder die fast schon majestätisch wirkenden, glänzenden Kronleuchter aus Kamenický Šenov in nichts nach. Originelle und zudem kostbare Porzellanwaren werden in der Karlsbader Manufaktur Pirkenhammer hergestellt. Das klassische Zwiebelmusterporzellan mit dem Kobalt-Dekor stammt aus Dubí bei Teplice, wo es seit 1885 aus bestem einheimischen Kaolin in der ehemaligen Meißner Zweigmanufaktur angefertigt wird. In Schmuckgeschäften sollte man sich allein schon aufgrund der niedrigen Arbeitslöhne in Tschechien, die wiederum zu einem

niedrigen Preisniveau führen, nach Goldschmuck umsehen. Der beim Juwelier gekaufte Goldschmuck ist amtlich kontrolliert und mit einer Punze versehen. Unkontrolliert geht es hingegen beim Straßenverkauf zu. Denn hier gilt: Es ist nicht alles Gold, was glänzt. Der Ansturm auf die klassischen dunkelroten böhmischen Granate scheint wieder eingesetzt zu haben. Einzigartig gefaßt als Ring, Kette oder Armband stammen die am schönsten verarbeiteten Exemplare aus Turnov.

Auch böhmische Klöppelspitzen, Stickereien, handgewebte Textilien und Tischdecken und originelle Marionetten gehören zu den bevorzugten Souvenirs. Das ganze Jahr über werden kunstvoll bemalte Ostereier, *kraslice,* aus verschiedenen Regionen Tschechiens verkauft; die begehrtesten kommen aus Südmähren. In Antiquitätengeschäften findet man Jugendstilmöbel, Meißner Porzellan, schöne Uhren, alte Bilder und Graphiken, allerdings nicht mehr ganz so preiswert wie noch vor einigen Jahren. Wer ein Schnäppchen machen will, sollte außerhalb der Touristenhochburgen einkaufen.

Handgeschnitzte Marionetten sind seit eh und je ein beliebtes Souvenir

TSCHECHIEN-KALENDER

Musikfestivals und Folklore

Traditionelle Feste mit Volksmusik erleben eine Renaissance

GESETZLICHE FEIERTAGE

1. Januar *(Neujahr)*
Ostermontag
1. Mai *(Tag der Arbeit)*
8. Mai *(Tag der Befreiung)*
5. Juli *(Tag der slawischen Glaubens-
apostel Kyrill und Method)*
6. Juli *(Verbrennung von Jan Hus)*
28. Oktober *(Gründung der Tschechoslowakei)*
24.–26. Dezember *(Weihnachten)*

FESTE, FESTIVALS UND VERANSTALTUNGEN

Lebendige Folklore wird vor allem in vielen Teilen Mährens gepflegt. Farbenfrohe Volkstracht
wird dort noch immer sonntags
und an Feiertagen getragen, an
alten Bräuchen seit Jahrhunderten nicht gerüttelt. In Böhmen
hat Folklore nur noch im Cho-
denland um Domažlice (Taus)
Tradition. Weinfeste und Kirmes
finden in den Herbstmonaten im
ganzen Land statt. Eine üppige
Auswahl an Konzerten mit oft international hochrangigen Künstlern gibt es nahezu das ganze Jahr
über.

*Tanz, Trachten und Folklore:
besonders auf dem Lande beliebt*

Januar
Prag, 2.–7. 1.: Kulturelle Festwo-
che *Prager Winter*, Musik, Oper,
Ballett.

Februar
Fasching oder *Karneval* hat lange
Tradition, wurde jedoch als
christliches Fest unter der kom-
munistischen Herrschaft aus dem
Kalender verdrängt. Wieder auf-
gelebt, ist Fasching vor allem in
Strakonice, Milevsko, Horaždo-
vice und um Hlinsko am ursprünglichsten; ✪ Prag, erster Sa:
Opernball in der Staatsoper.

März
Am *Ostersonntag* bewaffnen sich
Jungen mit einer Rute aus gefloch-
tenen Zweigen jagen Mädchen
und Frauen durch Wohnung, Hof
oder Dorf, um an die kunstvoll
mit Ornamenten bemalten Ostereier, *kraslice,* zu gelangen.
🏃 Prag, letzte Märzwoche: *Big
Band Jazzfestival* in Reduta.

April
Rožnov, erstes Wochenende: *eth-
nographische Feste* der temperamentvollen Walachen.

Mai
⭐ Prag, 12. 5.–2.6.: *Prager Frühling,*
Internationales Musikfestival mit

ausländischen Orchestern und Solisten; Karlovy Vary, zweites Wochenende: Auftakt der Badesaison mit *historischem Umzug, Segnung der Quelle* und *Hofball* im Hotel Pupp; dritte Woche: *Jazzfestival;* Ostrava: *Janáčeks Mai, internationales Musikfestival;* Český Krumlov, drittes Wochenende: *Festtage der fünfblättrigen Rose.*

Juni
★ Vlčnov, Pfingstmontag: Traditionelles *Folklorefestival;* auch in Hluk, Skoronice und Kyjov; ★ Kolín, drittes Wochenende: *Festival internationaler Blasmusikorchester;* Litomyšl, letzte Woche: *Internationales Smetana Opernfestival;* Strakonice, letzte Woche: *Festival der Dudelsackpfeifer;* ★ Strážnice, letztes Wochenende: *Internationales Folklorefest* an drei Tagen und drei Nächten.

Juli
Mladá Boleslav, erster Samstag: *Autorennen Bohemia Rallye;* Telč, bis August: *Kultursommer;* Prag, Ende Juli bis Anfang August: *Škoda Czech Open*, internationales Tennisturnier.

August
Domažlice, am Wochenende nach dem 10.8.: *Chodenfest* mit Tanz und Gesang, begleitet vom Dudelsackspiel der »böhmischen Schotten«; Kyjov, zweites Wochenende: *Folklore-Sommerfest;* Mariánské Lázně, ab dritten Samstag: *Frederic Chopin Festival;* Mělník, vierte Woche: *Winzerfest;* Olomouc, August–September: *Internationales Orgelfestival.*

September
Znojmo, zweites Wochenende: *Weinlese mit Umzügen in historischen*

MARCO POLO TIPS
FÜR FESTSPIELE UND FESTE

1 Prager Frühling
Konzerte, Opern und Ballett vom Besten mit internationaler Starbesetzung; Mitte Mai bis Anfang Juni (Seite 27f.)

2 Folklorefestivals Strážnice
Feucht-fröhlich geht es zu am letzten Juniwochenende in Südmähren – eine internationale Folkloreveranstaltung der Superlative (Seite 28)

3 Folklorefestival Vlčnov
Der Königsritt eines als junge Frau verkleideten Jünglings, der an die Flucht des böhmischen Königssohns Viktorin aus ungarischer Gefangenschaft im 15. Jh. erinnert, ist eine bunte Parade mährischer Volkstrachten zu Pfingsten (Seite 28)

4 Blasmusikfestival Kolín
Böhmische Musikanten, darunter die Kmoch-Kapelle, laden am dritten Juniwochenende zum größten Blasmusikfestival auf böhmischem Boden ein (Seite 28)

TSCHECHIEN-KALENDER

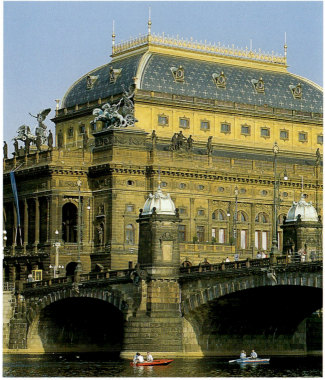

»Goldene Kapelle an der Moldau« wird das Prager Nationaltheater genannt

Kostümen; Javorník, zweites Wochenende: *Musikfestival* zu Ehren Karl Ditters von Dittersdorf; � Tábor, drittes Wochenende: *Táborer Treffen*, historisches Fechten und Fackelumzüge; Brno, Ende September bis Anfang Oktober: *Mährischer Herbst*, internationales Musikfestival.

Oktober
Náměšt na Hané: *Hanakisches Erntefest*, ihre *dožínky* feiern die Hanaken in reich bestickten Trachten; ✪ Pardubice, zweiter Sonntag: das unter Tierschützern umstrittene, hindernisreiche *Pferderennen* »Große Pardubitzer Steeplechase«.

Dezember
In der *Weihnachtszeit* werden in jeder Kirche originelle Krippen aufgestellt. Der Heiligabend (24. Dezember) wird im Kreise der Familie mit geschmücktem Christbaum, Geschenken und dem traditionellen Weihnachtskarpfen gefeiert. Wer sich die Karpfenschuppen ins Portemonnaie legt, hat im folgenden Jahr immer genug Geld; Karlovy Vary, 24.–26. Dezember: *Böhmische Weihnachten* im Hotel Pupp.

MITTELBÖHMEN

Kulturgüter satt

Im Herzen Böhmens pulsiert nicht nur das Goldene Prag

Vor 2500 Jahren lebten die Kelten hier von den Gaben der Wälder und Gewässer, später die Germanen. Irgendwann im 6. Jh. nach Chr. kamen die Slawen, und ihr Urvater Čech mußte sie nicht lange überreden, das Land der dichten Wälder, vielen Flüsse und weiten Ebenen zu besiedeln und zu kultivieren. Auf engem Raum entstanden in den folgenden Jahrhunderten so viele Burgen, Schlösser, Kirchen, Klöster und Paläste wie in keiner anderen Region des heutigen Tschechiens. Dort, wo sich Handelswege aus allen Himmelsrichtungen kreuzen, bauten die Slawen in ei-

Gemeindehaus am Pulverturm im Prager Jugendstil

nen Talkessel der Moldau eine Festung, eine Burg, eine Stadt, »deren Ruhm die Sterne berühren wird«, wie die sagenhafte Fürstin Libuše dem hunderttürmigen Prag prophezeite.

PRAG

(**C-D 2-4**) ★ Für die einen ist das kaiserliche und königliche Prag die Mutter aller Städte, für andere gar die heimliche Hauptstadt Europas, und die Reihe der Attribute läßt sich fortsetzen: feierlich, polemisch, schmerzensreich, tragisch… Dieses Glanzstück, schon oft im Mittelpunkt europäischer Geschichte, steht auf sieben Anhöhen, von der Moldau geformt und von Baumeistern im Verlauf von tausend

---

Hotel- und Restaurantpreise

Hotels

Bei den Hotelpreisen unterscheidet dieser Reiseführer zwischen 4 Kategorien. Die Preise beziehen sich auf die Übernachtung einer Person im Doppelzimmer.

Kategorie L:	ab 1500 Kč
Kategorie 1:	1000–1500 Kč
Kategorie 2:	500–1000 Kč
Kategorie 3:	bis 500 Kč

Restaurants

Restaurants schießen wie Pilze aus dem Boden und zwar in jeder Preisklasse. Die Preise beziehen sich auf ein Dreigangmenü ohne Getränk:

Kategorie L:	ab 700 Kč
Kategorie 1:	400–700 Kč
Kategorie 2:	200–400 Kč
Kategorie 3:	bis 200 Kč

MARCO POLO TIPS FÜR MITTELBÖHMEN

1 Prag
Wer den Prager Hradschin noch nicht gesehen hat, sollte dies schleunigst nachholen (Seite 31f.)

2 Karlštejn
Eine Burg par excellence, doch Kaiser Karl IV. würden angesichts der Touristenmengen die Haare zu Berge stehen (Seite 36f.)

3 Kutná Hora
Das Gotikjuwel sucht selbst im gotisch verwöhnten Böhmen seinesgleichen vergeblich (Seite 39f.)

4 Konopiště
Luxus pur: So lebten die stolzen Habsburger seinerzeit in Böhmen (Seite 38f.)

Jahren prachtvoll erbaut. Nicht nur zum Bestaunen großartiger Baudenkmäler kehren Besucher aus aller Welt immer wieder in die tschechische Metropole (1,2 Mio. Ew.) zurück; Prag bietet auch ein Kulturprogramm für jeden Geschmack und erlebt seit 1990 einen beispiellosen Aufschwung. Alles über Prag im MARCO POLO Band »Prag«.

BESICHTIGUNGEN

Altstadt – Staré město
Seit über tausend Jahren pulsiert im Herzen Prags der fast kreisförmige Platz ✪ Altstädter Ring, ein herrliches Ensemble aus vielen Bauepochen. Durch die engen, verwinkelten Altstädter Gassen strömen wieder Händler auf den Platz, Musikanten und Handwerker zeigen ihr Können. Zur vollen Stunde versammeln sich Scharen von Touristen vor dem Rathaus, dessen berühmte astronomische Uhr schon so oft Böhmens Schicksalsstunden schlug. ⚡ Vom Sockel des Hus-Denkmals blickt der Reformator auf die doppeltürmige Teyn-Kir-

che, in der er vor mehr als 500 Jahren predigte. Wer nach einem Bummel durch die immer noch mittelalterlich anmutende Altstadt im Kellergewölbe einer der vielen Weinstuben landet, wird mit mährischem Wein auf das Wohl der genialen Baumeister Prags anstoßen.

Burg – Hradčany (B 2)
Das Wahrzeichen Prags und der heutige Amtssitz des Staatspräsidenten entstand im Verlauf eines Jahrtausends. Einmalig ist die Symbiose der Bauten im romanischen, gotischen, Renaissance-, Barock- und klassizistischen Stil. Prachtvoll präsentiert sich der Vladislavsaal, wo früher die Krönungsfeierlichkeiten stattfanden und seit 1918 der Staatspräsident gewählt wird. Mit dem Bau des gotischen Veitsdoms begann 1344 der Franzose Mathieu von Arras, nach dessen Tod setzte Peter Parler den Bau fort; endgültig fertiggestellt wurde er aber erst 1929. Das Herzstück bildet die mit Fresken und Halbedelsteinen geschmückte Wenzelskapelle, in der die Krönungsinsignien aufbe-

MITTELBÖHMEN

wahrt werden. Böhmische Könige wurden hier gekrönt und nach ihrem Tod in der Königsgruft beigesetzt. Der prunkvolle silberne Sarkophag des hl. Johann von Nepomuk steht am Altar. Zum Superausblick von der ⚜ Burgrampe lauscht man zu Mittag den Domglocken und der dutzend-fachen Antwort der Altstädter und Kleinseitner Kirchen. Oder schaut sich die auch für Pazifisten attraktive Show der Wachablösung an.

Goldmachergäßchen – Zlatá ulička (C 2)
Vor 400 Jahren sollen hier Alchimisten für Rudolf II. Gold und ein Lebenselixier hergestellt haben. Das Gold brauchte der Kaiser für den Krieg gegen die Türken, das Elixier wegen seiner Geliebten Katharina da Strada. Erfolgreich war wohl nur ein einziger Alchimist, František Uhle: Der bei einer Explosion im Haus Nr. 19 Umgekommene soll einen Klumpen Gold in der Hand gehalten haben. Drangvolle Enge herrscht in den Sommermonaten in dem Gäßchen – heute wieder eine Gold- und Geldquelle, aber nur für die Tourismusbranche.

Jüdische Stadt – Zidovské město (C 2)
Leider wurde das Ghetto im letzten Jahrhundert »saniert«; geblieben sind fünf Synagogen und der einzigartige jüdische Friedhof

Im Goldmachergäßchen lebten der Sage nach Alchimisten

Der Alte Jüdische Friedhof ist einzigartig in Europa

mit neun Gräberschichten und 12 000 Grabsteinen. Ehre erweist man den Toten, darunter dem berühmten Schöpfer des Golem, Rabbi Löw, mit einem mitgebrachten Steinchen, das auf die Grabstein gelegt wird. Die Synagogen sind eine Fundgrube für Kultgegenstände und Zeugnisse jüdischer Kultur. In der Pinkassynagoge erinnern Nameninschriften an die über 77 000 tschechischen Juden, die in den KZs umkamen. Das im Rathausrestaurant dargebotene Essen ist garantiert koscher.

Karlsbrücke – Karlův most (C 3)

Peter Parler ahnte 1357 noch nicht, daß auf den sechzehn Pfeilern seiner neu gebauten Brücke 350 Jahre später eine barocke »Statuenallee« entstehen würde. Nepomuk, der spätere Brückenheilige (von der Altstadt aus rechts die 8. Figur) wurde von hier in die Moldau gestürzt. Heute reicht an manchen Tagen nicht einmal die Breite von zehn Metern für alle Brückengänger, zumal der Durchgang wegen der vielen ambulanten Händler und Straßenmusiker zusätzlich eingeengt wird.

Kleinseite – Malá Strana (B-C 2-4)

Viele Prag-Kenner behaupten, dieser Stadtteil zu Füßen der Burg sei das Nonplusultra Prags schlechthin. Auf der Kleinseitner Seite der Karlsbrücke lädt die romantische Insel Kampa zu Spaziergängen ein. Über das uralte Pflaster der engen Kleinseitner Gassen führt der alte Königsweg steil hinauf zur Burg, vorbei an barocken Adelspalästen, prachtvollen Bürgerhäusern mit originellen Hauszeichen und der St.-Niklas-Kirche. Unterwegs »nötigen« alte Weinstuben zum Verweilen – ein weiterer Grund, genug Zeit für die Kleinseite einzuplanen.

RESTAURANTS

Lokale findet man in Prag an jeder Ecke, für die folgenden unbedingt vorher reservieren:

MITTELBÖHMEN

Opera Grill (C 3)
Luxus hat zu Recht seinen Preis, und die 1a-Küche im stilvoll eingerichteten Lokal ist es auch wert. *Karoliny Světlé 35, Tel. 02/ 265 58, tgl. 19–2 Uhr, Kategorie 1*

U Fleků (C 4)
Das schwarze Fleksche Bier wird im 500 Jahre alten Brauhaus oder im Biergarten serviert. *Křemencova 11, Tel. 02/29 39 37, tgl. 8.30–23 Uhr, Kategorie 2*

U kalicha (D 5)
Schwejks Stammlokal ist meist randvoll, das Bier gut. *Na bojišti 12–14, Tel. 02/29 19 45, tgl. 11–23 Uhr, Kategorie 2–3*

U mecenáše (B 3)
Wo im 17. Jh. der Henker von Prag einkehrte, bietet heute Herr Koubek hervorragende Küche und erlesene Weine, und das Ambiente ist einfach Spitze. *Malostranské náměstí 10, Tel. 02/ 53 38 81, tgl. 17–24 Uhr, Kategorie 1*

EINKAUFEN

Die schönsten Glaswaren, verkaufen *Moser, Na Příkopě 12*, und *Philadelphia, Vodičkova 30*. Zwiebelmusterporzellan in großer Auswahl bei *Český porcelán, Perlová 10*. Hochwertige Volkskunst findet man bei *Krásná Jizba, Narodní Třída 36*. Kunstvoll gefaßte böhmische Granate in der *Celetná*. Interessante Antiquitäten bei *Athenas Fundgrube, U Starého Hřbitova 4* und *Maislova 17*. Nicht nur Kinder begeistern die vielen Marionetten und das schön verarbeitete Holzspielzeug.

HOTELS

Neben den großen Hotels gibt es in Prag zahlreiche kleinere, überaus gemütliche Häuser, denen viele Besucher den Vorzug geben; für junge Leute oder weniger Anspruchsvolle stehen auch Studentenheime bereit. *Zimmervermittlung: AVE (Büros am Hauptbahnhof und Flughafen), Tel. 02/ 24 61 71 33, Fax 54 97 43*

Hoffmeister (C 2)
Mit allem möglichen Schnick-Schnack ausgestattetes neues Luxushotel, *Pod Bruskou 9, 44 Zi., Tel. 02/561 81 55-60, Fax 53 09 59, Kategorie L*

Kampa (B 3–4)
Ruhiges Kleinseitner Komforthotel auf der gleichnamigen Moldauinsel, dessen malerische Lage kaum zu übertreffen ist, *Všehrdova 16, 84 Zi., Tel. 02/ 24 51 11 76, Kategorie 1*

Die Macht der Krönungsinsignien

Wie im Märchen »hinter sieben Schlössern« werden in der Kronschatzkammer des Prager Veitsdoms die Krönungsinsignien der böhmischen Könige aufbewahrt. Diese haben einer Legende nach eine geheimnisvolle Macht: Sie verhelfen demjenigen zur königlichen Würde, der sie rechtens trägt; vernichtet wird hingegen derjenige, der sie mißbraucht. Der allmächtige Reichsprotektor Reinhard Heydrich soll sich 1941 die Krone aufgesetzt haben: Er starb innerhalb eines Jahres nach einem Attentat.

Pension Unitas (C 3–4)

♟ Eine Nacht mit Havel oder zumindest in seiner Zelle des ehemaligen Polizeigefängnisses; Knast-Komfort, aber dafür auch zentral gelegen. *Bartolomějská 9, Tel. 02/232 77 00, Fax 232 77 09, Kategorie 2–3*

AM ABEND

Das Angebot ist riesig und bietet jedem etwas. ✿ Im *Národní divadlo, Státní opera* und *Stavovské divadlo* (National-, Staats- und Ständetheater) werden Opern in der Originalversion aufgeführt, in den beiden erstgenannten auch Ballett; Operetten im *Hudební divadlo* (Musiktheater) in Karlín; alttschechisches Kabarett im Lokal ♟ *U Fleků*; Originelles im *Loutkové divadlo* (Marionettentheater in der Straße Žatecká); Artisten und Tanz im *Variété Praga*; Jazz vom Feinsten im ♟ *Reduta* und Rockmusik im *Belmondo Revival Club*; außerdem Konzerte von Klassik bis Rock. Fast schon zum Pflichtprogramm gehört *Laterna Magica*, eine Mischung aus Live- und Dia-Show.

AUSKUNFT

PIS
Na příkopě 20 und *Staroměstská radnice 24, Mo–Fr 9–19 Uhr, Sa und So 9–15 Uhr, Tel. 02/26 40 23*

ZIELE IN DER UMGEBUNG

Karlštejn (E 5)

★ Die prachtvolle Burg baute in den Jahren 1348–57 der römische Kaiser und böhmische König Karl IV. aus dem Geschlecht der Luxemburger und Přemysliden. Dem weitsichtigen Staatsmann und religiösen Menschen diente das gotische Bauwerk sowohl als repräsentativer Herrschersitz als auch zur Meditation. Bis 1420 wurden hier die Reichskleinodien und bis anno 1619 die böhmischen Krönungsklein-

---

Zungenbrecher

Jeden Tschechisch-Unkundigen verwirrt zunächst der Mangel an Vokalen, die vielen háčky (Häckchen) und čárky (Akzente). Schon vorher kapitulieren muß niemand.

Sprechen Sie:

c wie Cäsar	ř wie rsch
č wie tsch	s wie ß bei Fuß
ch wie ch in Buch	š wie sch
d' wie dj	t' wie tj
ě wie je	z wie s in Sieg
ň wie nj	ž wie j in Journal

Betont wird grundsätzlich auf der ersten Silbe.

Alles weitere im MARCO POLO Sprachführer »Tschechisch« mit Insider-Tips.
Übrigens: Die Worte Roboter, Pistole und Halunke sind tschechischer Herkunft.

MITTELBÖHMEN

Die Astronomische Uhr am Altstädter Rathaus in Prag

odien aufbewahrt. Im mehrere Meter dicken Hauptturm befindet sich ein Raum von kaum zu überbietender Schönheit, die hl. Kreuzkapelle. Von Wänden und Decke erstrahlen vergoldeter Stuck und darin eingelassen 2500 Amethyste und blutrote Jaspise. Die Wände zieren 128 Tafelbilder von Heiligen, die der Meister Theoderich aus Prag, der Begründer der Böhmischen Malerschule, schuf. Die Wände der kaiserlichen Privatkapelle sv. Kateřina (hl. Katharina) schmükken ebenfalls Halbedelsteine und Wandbilder von Landespatronen. *Tgl. außer Mo 9–16, in der Saison bis 18 Uhr.* Tagelang widmete sich Karl IV. in der Kapelle seinen politischen Gedankengängen; er erklärte Karlštejn zur frauenfreien Zone. Seine junge Frau Blanka von Valois hielt Karls Entscheidung wohl für blanken Unsinn und soll sich als Page verkleidet in sein Männer-Refugium eingeschlichen haben. ◉ Auf der Burg finden heute Konzerte und Hochzeiten statt.

Konopiště (G 5)
★ Der Neffe des österreichischen Kaisers Franz Joseph I., der Thronfolger Erzherzog Franz Ferdinand, baute das ursprünglich gotische Schloß Konopischt (40 km SO) am Ende des 19. Jhs. neugotisch um. Zu den weltweit größten gehören seine erstklassigen Waffen- und Rüstungssammlungen, seine Sammlung der gotischen und barocken Bildnisse des hl. Georg sucht ihresgleichen. Besichtigt werden können der Tirpitz-Salon, die Schloßkapelle und weitere luxuriöse Privatgemächer. Diese

Gobelin »Don Quichotte« im Schloß Konopiště

MITTELBÖHMEN

Kostbarkeiten bewachen ungewöhnliche Wächter, zwei lebende Bären im Burggraben. Franz Ferdinands unstandesgemäße Hochzeit mit der tschechischen Baronin Sophie Chotek zwang den zukünftigen Kaiser, vor der Vermählung auf die Thronfolge für die gemeinsamen Kinder zu verzichten. Die Ermordung des Ehepaares am 28. Juni 1914 in Sarajevo löste einen Monat später den Ersten Weltkrieg aus. *April–Dez. tgl. außer Mo 9–16 Uhr, die Ausstellung »Hl. Georg« April–Okt.* Unterkunft: *Motel Konopiště,* unweit des Schlosses, Spitzenrestaurant, *40 Zi., Tel. 0301/227 32, Fax 220 53, Kategorie 2*

Křivoklát   (E 4)

Von Přemysliden gebaut wurde die Burg (Pürglitz, 35 km W) inmitten von Wäldern. Lange Zeit diente sie als Jagdschloß, später als königlicher Landsitz und zuletzt als Kerker. Im gotischen Palast Otakars II. befindet sich die spätgotische Gemäldegalerie, in der Burgkapelle der schöne Flügelaltar. Auf der Burg lebte Karl IV. mit seiner ersten Frau Blanka von Valois. Aus Freude über die Geburt seines ersten Kindes ließ er Nachtigallen einfangen und unter Blankas Fenster singen. *März–Dez. tgl. außer Mo 9 bis 16 Uhr*

KUTNÁ HORA

(H 4–5) ★ Die Entdeckung zahlreicher Silberadern um Kutná Hora (Kuttenberg, 21 000 Ew.) lockte um das Jahr 1290 Bergleute, Abenteurer und leichte Mädchen aus ganz Europa an. Bis 1620 wurden hier 2500 t des Edelmetalls gewonnen. Die königliche Bergbaustadt war im Mittelalter die bedeutendste und größte Stadt Böhmens nach Prag, heute ist sie ein architektonisches Kleinod. Die Kathedrale sv. Barbora (St. Barbara, 1388–1565) mit schlanken Türmen, einem großartigen Zeltdach und herrlichem Netzgewölbe ist ein Barockjuwel und das Werk der drei Baukünstler Peter Parler, Matěj Rejsek und Benedikt Ried; die Kathedrale sollte ursprünglich den Prager Veitsdom an Schönheit übertreffen. *Tgl. außer Mo 8–12 und 13–17 Uhr.* In der königlichen Münzstätte *Vlašský dvůr* (Welscher Hof) prägten Spezialisten aus Florenz seit 1300 die harte Währung des Mittelalters, den Prager Silbergroschen. An der reich ausgestatteten Kirche sv. Jakub (St. Jakob) vorbei, kommt man zum Kastell Hrádek, in dem das Silberbergbau-Museum untergebracht ist. Mit Schutzanzügen steigt der Besucher in eine mittelalterliche Grube hinab *(unbedingt an-*

Fensterstürze

Der Hinauswurf aus dem Fenster diente in Böhmen zur Beseitigung politischer Gegner. Zweimal ging dieser Prager Volkssport in die Geschichte ein: Rausschmeißer waren 1419 die Hussiten und 1618 protestantische Adelige. Es wird gemunkelt, Fensterstürze habe es nicht noch häufiger in Prag gegeben, weil man fortan politische Verhandlungen in die Keller verlegte.

Barockjuwel St. Barbara – Kutná Horas prächtige Kathedrale

melden, Tel./Fax 03 27/38 13). Für Leute mit starken Nerven: das Beinhaus Kostnice in Sedlec mit 10 000 Schädeln und Gebeinen, die zu Kronleuchtern, Monstranzen und Wappen zusammengesetzt sind. *Tgl. außer Mo 9–12 und 13–17 Uhr*

HOTEL

Mědínek
Auf dem Hauptplatz, Disko und Weinstube im Haus sorgen für schlaflose Nächte. *Palackého náměstí 316, 54 Zi., Tel. 0327/ 27 41 Fax 27 43, Kategorie 2*

AUSKUNFT

Čedok
Palackého náměstí 330, Tel. 0327/ 35 10, 23 31, 25 34, Mo–Fr 9–12 und 13–18 Uhr

MĚLNÍK

(**F 3**) Am Zusammenfluß der Moldau und der Elbe liegen umgeben von Weinbergen die altertümliche Königsstadt (20 000 Ew.) und das gleichnamige Schloß Mělník. Vor tausend Jahren wurde an dieser Stelle in einer Burg der spätere Nationalheilige

MITTELBÖHMEN

Václav I. von seiner Großmutter, der Fürstentochter Ludmila, im christlichen Glauben erzogen. In den tiefen Kellern des Schlosses reifen Weine, besonders gut ist der Riesling Jahrgang 1993. Im Schloß *(tgl. außer Mo 9–16, in der Saison bis 18 Uhr)* werden ausgewählte Exemplare europäischen Mobiliars und sehenswerte Barockgemälde ausgestellt. Das Schloß, die Weinberge und zahlreiche Grundstücke gehören heute wieder Fürst Lobkowicz. ☙ Von der Schloßweinstube und vom Restaurant aus hat man einen schönen Ausblick auf den Zusammenfluß der Moldau mit der Elbe. Neben der barocken St. Peter und Paul-Kirche steht das sehr interessante Beinhaus mit den sorgfältig geordneten Gebeinen von 15 000 Toten. *April–Okt. tgl. außer Mo 9–15.30 Uhr.* Auf dem von schönen Laubenhäusern umsäumten Hauptplatz finden im Herbst Weinfeste statt.

HOTEL

U Cinků
Ruhiges Hotel am Stadtrand, *Českolipská 1166, 27 Zi., Tel./Fax 0206/67 04 01, Kategorie 2*

AUSKUNFT

Čedok
Nám. Karla IV. 200, Tel. 0206/ 62 22 11, Mo–Fr 8–17, Sa 8–11 Uhr

ZIELE IN DER UMGEBUNG

**Schloß Nelahozeves –
Dvořák Museum** (F 3–4)
Die erlesene Gemäldesammlung alter Meister (Velazquez, Rubens, Brueghel) des Fürsten Lobkowicz im prächtigen Re-

naissanceschloß (20 km SW) und die Reihe spanischer Ganzfigurenportraits aus dem 16. und 17. Jh. sind einzigartig. ==Fürstlich schmecken die Lobkowiczer Weine aus Roudnice,== zu deren Probe der Schloßherr oder der Kellermeister einladen. Unterhalb des Schlosses im Geburtshaus von Antonín Dvořák (1841–1904) befindet sich das Dvořák-Museum. Als Metzgersohn sollte er eigentlich die Familientradition fortsetzen, was ihm zum Glück aller Musikfreunde allerdings ziemlich Wurst war. Im Juli und August finden im Schloß Konzerte statt. Schloß: *tgl. außer Mo 9–16, in der Saison bis 17 Uhr*

Berg Říp (O)
☙ Über die fruchtbare Elb-Ebene erhebt sich der 456 m hohe sagenumwobene Berg Říp (15 km W). Während der Völkerwanderung soll der Stamm der Tschechen hier angehalten haben, um das Land zu besiedeln. Ironische Tschechen nehmen es ihrem Stammvater Čech übel, daß er hier und nicht weiter südlich anhielt, irgendwo am Mittelmeer. Unbeirrt bauten die Tschechen hier vor fast 900 Jahren die romanische Rotunde des sv. Jiří (hl. Georg).

Kokořínský důl (F 3)
Das Tal Kokořín (10 km N) inmitten eines Naturschutzgebietes am fischreichen Flüßchen Pšovka eignet sich für mehrstündige Wanderungen. Unterwegs zu sehen sind bizarre Sandsteinformationen, volkstümliche Architektur und die ursprünglich gotische Burg Kokořín. Sie soll als Raubritternest gedient haben.

WESTBÖHMEN

Urquell und Glauberquellen

Jedem das Seine: fürstlich kuren oder genüßlich Bier trinken

Vulkanischer Aktivität vor vielen Millionen Jahren verdankt Westböhmen seine Mineralquellen, deren Heilwirkung das weltbekannte Bäderdreieck Karlsbad, Marienbad und Franzensbad zu einem der besonders attraktiven Besuchermagneten Tschechiens gemacht hat. Zu den warmen Mineralquellen gesellt sich eine nicht minder bekannte westböhmische Quelle, das kühle Urquell aus Pilsen. Sein charakteristischer bitterer Geschmack beeinflußte in den letzten 150 Jahren weltweit die Bierbrauerei. Fröhlich feiern die Choden, jener slawische Stamm, der mit eigenständiger Kultur und Folklore in Tschechien große Popularität genießt.

CHEB

(**A 4**) An einer alten Handelsstraße zwischen Ost und West nahe der Grenze zu Bayern liegt das vielbesuchte Cheb (Eger, 32 000 Ew.). Friedrich Barbarossa baute im 12. Jh. anstelle der alten slawischen Befestigung die teilweise

Ein Glanzstück Karlsbads: die russisch-orthodoxe Peter-und-Paul-Kirche

noch erhaltene imposante romanische »Kaiserpfalz«. Hauptattraktion sind der ✿ schwarze Turm aus Basaltlavaquadern und die gotische Doppelkapelle. *April bis Okt. tgl. außer Mo 9–12 und 13–16 Uhr.* Auf dem Marktplatz steht das Wahrzeichen der Stadt, Špalíček (Stöckl), eine Gruppe von elf Fachwerkhäusern. Patrizierhäuser mit hohen gotischen Giebeln und mehreren Reihen Dachgauben umsäumen den Platz. Im heutigen Stadtmuseum an der Nordseite *(tgl. außer Mo 9–12 und 13–17 Uhr)* wurde der kaiserliche Heerführer im 30jährigen Krieg, Albrecht von Valdštejn (Waldstein, erst seit Schillers Drama »Wallenstein«), erstochen.

RESTAURANT

Fortuna
Das beste Restaurant in Cheb befindet sich am Hauptplatz. *Nám. Krále Jiřího z Poděbrad 28, tgl. 10 bis 23 Uhr, Kategorie 2*

HOTEL

Hvězda
Am Hauptplatz, *Nám. Krále Jiřího z Poděbrad 4, 38 Zi., Tel. 0166/ 225 49 Kategorie 2 und 3*

MARCO POLO TIPS FÜR WESTBÖHMEN

1 Karlovy Vary
Baden wie ein Fürst,
wohnen wie ein Kaiser –
Karlsbad ist wieder »in«
(Seite 46f.)

2 Mariánské Lázně
Aus Sumpf mach Bad, den
Architekten in Marienbad
gelang das vorzüglich
(Seite 48f.)

3 Soos
Aus dem in Europa einzig-
artigen Torfmoorgebiet
kommt der Inhalt Ihrer
Fangopackung (Seite 45)

4 Domažlice
Das Chodenstädtchen
mit Flair liegt unweit
des böhmischen Babylon
(Seite 44)

AUSKUNFT

Čedok
Májová 31, Tel. 0166/339 51, Mo bis Fr 8.30–16, Do bis 18, Sa 8–11 Uhr.

ZIELE IN DER UMGEBUNG

Jesenice und Skalka (**A 4–5**)
Die beiden ☀ Stauseen sind Erholungsgebiete mit Bade- und Wassersportmöglichkeiten. Unterkunft in kleinen Ferienhäusern und auf Campingplätzen.

DOMAŽLICE

(**A 8**) ★ Zuverlässig und wachsam sind sie, die Choden, jene slawische Volksgruppe, die sich in und um das heutige Domažlice (Taus; 12 000 Ew.) ansiedelte. Der Hundekopf in ihrem Wappen ist Symbol ihrer Treue, die ihnen im Mittelalter zum Job als Wächter an der böhmisch-bayerischen Grenze und damit zu ihrem Namen (chodit = gehen) verhalf. Mehr über die Geschichte der Choden erfährt man im Heimatmuseum in der Chodenburg aus dem 13. Jh. *(April–Okt. tgl. außer Mo 8–12 und 13–16 Uhr).* Malerisch ist der langgestreckte Marktplatz mit Laubengängen und der Kirche Narození Panny Marie (Mariä Geburt), deren Turm aus dem 13. Jh. sich um 70 cm zur Seite geneigt hat. ✪ Die Chodenland-Festspiele am Wochenende nach dem Fest des hl. Laurentius bezeugen die Tanz- und Sangesfreude der böhmischen Dudelsackmeister.

HOTELS

Družba
Betonkasten in einem ruhigen Stadtteil, *Mánesova 569, 44 Zi., Tel. 0189/31 51, Kategorie 2–3*

Game
Preisgünstiges, neues Hotel mit Tennisplatz 14 km außerhalb bei dem hübschen Chodenstädtchen Klenčí pod Čerchovem, *24 Zi., Tel. 0189/946 11-3, Fax 946 13, Kategorie 2*

AUSKUNFT

Čedok
Nám. Míru 129, Tel. 0189/22 66, in der Saison Mo–Fr 9–17, Sa 9 bis 12 Uhr

WESTBÖHMEN

ZIEL IN DER UMGEBUNG

Babylon (A 9)
Inmitten von Wäldern und Teichen nur 7 km SW liegt das Dorf Babylon: baden, fischen, spazieren, Sport oder nur einfach entspannen in schöner Natur. Unterkünfte: *Hotel Bedrníček* direkt am Teichufer, *47 Betten, Tel. 0189/932 42, Kategorie 3*; *Hotel Praha* mit gutem Restaurant, *70 Betten, Tel. 0189/932 51-5, Fax 932 20, Kategorie 2*

FRANTIŠKOVY LÁZNĚ

(**A 4**) Das kleinste und ruhigste der berühmten drei westböhmischen Bäder (Franzensbad, 5000 Ew.), nach dem österreichischen Kaiser Franz I. (1768–1839) benannt, ist eine gelungene Symbiose aus kaiserockergelben Fassaden im Empirestil und dem Grün der Parks im englischen Stil. Durch die Kolonnaden, auf den Promenaden und um das hervorragend renovierte Kurhaus *U tří lilií* (Zu den drei Lilien) spazierte bereits so manche Prominenz aus Ost und West. Zwei Dutzend Mineralquellen und Moorbäder lindern Herz- und Kreislaufkrankheiten, Rückenschmerzen und Frauenleiden. Wissenschaftlich zweifelhaft, aber von optimaler Wirkung bei Unfruchtbarkeit soll eine leichte Berührung der Skulptur des kleinen František mit einem Fisch sein, dem Symbol des Kurorts. Die Statue des großen František, Österreichs Kaiser Franz, bekam 1993 anläßlich der 200-Jahrfeier von Franzensbad wieder ihren Platz auf der Isabell-Kolonnade.

RESTAURANT

Seeberg
Burgrestaurant im rustikalen Stil (5 km NW) im Dorf Ostroh, untraditionelle Küche, *tgl. außer Mo 10–19 Uhr, Kategorie 2*

HOTELS

Pyramida
Komfortables Kurhotel mit Fitneß-Badeabteilung und Restaurant, *Střížov 31, 37 Zi., Tel. 0166/94 31 31, Fax 94 31 36, Kategorie 1*

Slovan
Traditionshotel im Zentrum, Restaurant und Weinstube mit Tanz, *Národní 5, 25 Zi., Tel. 0166/94 28 41, Fax 94 28 43, Kategorie 2*

AUSKUNFT

Čedok
Národní 5, Tel./Fax 0166/94 22 10, Mo–Fr 8.30–16.30, Sa 9–11.30 Uhr

Správa lázní (Kurverwaltung)
Jiráskova 17, Tel./Fax 0166/94 29 70, tgl. 7–15 Uhr

ZIEL IN DER UMGEBUNG

Soos (A 4)
★ Das unter Naturschutz stehende Torfmoorgebiet (8 km NO) in der Nähe von Hájek ist einzigartig in Europa. Aus trichterförmigen Mofetten, die Kratern kleiner Vulkane ähneln, tritt Kohlendioxid aus. In den Wasserlöchern brodelt es, und der Boden ist mit einer salzhaltigen Kruste überzogen. Der Schlamm wird für wohltuende Fangopackungen und entspannende Moorbäder verwendet.

KARLOVY VARY

(**B 4**) ★ Einst flanierten Kaiser, Könige, Politiker und Künstler aus ganz Europa an Karlsbader Hotels und Sanatorien im Rokoko- und Empirestil vorbei. Zwischen sanften Hügeln im Teplá-Tal lugen die gepflegten Bauwerke hervor. Wer auf sich hielt, durfte in diesem legendären »Salon Europas« nicht fehlen. Aus zwölf Heilquellen sprudelt seit Jahrhunderten Heilwasser gegen Magen-, Galle- und Stoffwechselkrankheiten mit Temperaturen zwischen 42° und 72° C. Am heißesten ist der Sprudel Vřídlo, dessen 12 m hochschießende Fontäne aus 2000 m Tiefe ebensoviele Liter pro Minute fördert. Erfolgversprechende Schönheitskuren sind übrigens der neueste Hit des Kurorts. Das erstklassige Grandhotel Pupp, wie so vieles in Vary ein Werk der Wiener Stararchitekten Fellner und Helmer, ist wieder der Treffpunkt der Prominenz. In das Kaiserappartement schlüpfte ab und an die Schauspielerin Katharina Schratt durch einen Geheimgang zu Kaiser Franz Josef I. Von hier aus ging der Kaiser zu Fuß in das un-

Stolze Kurhäuser und Sanatorien in Karlovy Vary

WESTBÖHMEN

weit gelegene Bad I. In der Kaiserwanne, wo sich auch Edward VII. von England aalte, kann jeder Normalsterbliche heute für einen bürgerlichen Betrag kaiserlich baden. Die Fassaden und die Interieurs der Karlsbader Hotels und Kurhäuser sind im Laufe der letzten Jahre restauriert worden, die vergoldeten Kuppeln der russisch-orthodoxen Kirche strahlen wieder im neuen Glanz. Der marode Patient Karlovy Vary (60 000 Ew.) hat sich nach der schweren, vierzig Jahre dauernden Krankheit »Sozialismus realis« fast schon erholt.

BESICHTIGUNGEN

Kostel sv. Mařì Magdaleny
Die hl. Maria-Magdalena-Kirche (1731–37), ein Barock-Juwel, baute der berühmte Baumeister Kilian Ignaz Dientzenhofer.

Mlýnská kolonáda
Unter der ✪ Mühlbrunn-Kolonnade, einer 169 m langen Halle, deren Dach von 124 korinthischen Säulen getragen wird, entspringen vier Quellen. Architekt Josef Zítek, der Schöpfer des Prager Nationaltheaters, entwarf sie. *Lázenská*

RESTAURANT/CAFÉ

Café Elefant
Traditionsreiches Café, *tgl. 9–22 Uhr, Stará louka 30, Kategorie 2*

Promenáda
Eleganter Gourmet-Treffpunkt mit böhmischen und internationalen Spezialitäten, große Weinauswahl, *tgl. 12–23 Uhr, Tržiště 31, Tel. 017/322 56 48, Kategorie 1*

EINKAUFEN

Die Karlsbader Oblaten und die »13. Quelle«, der nach einem Geheimrezept gebraute Kräuterlikör Becherovka, sind hinreichend bekannt. Glaswaren von Moser stellen den Höhepunkt der böhmischen Glasbläserkunst dar. Exklusive Ausstellung und Verkauf in der Straße *Stará louka 40* und im Vorort *Dvory*. Die Manufaktur *Pirkenhammer* stellt wunderbares Porzellan her, *Tržiště 23* und Vorort *Březová*.

HOTELS

Elwa Sanatorium
Hotel mit familiärer Atmosphäre im Zentrum, *Zahradní 29, 30 Zi., Tel. 017/322 84 72, Fax 322 84 73 Kategorie 1*

Grandhotel Pupp
Glanz der Vergangenheit und Komfort der Gegenwart, acht Restaurants und Cafés, Casino, Night Club, *Mírové nám. 2, 220 Zi., 1 Zi. behindertengerecht, Tel. 017/ 20 91 11, Fax 322 40 32, Kategorie L*

Otava-Patria
Ruhiges Komforthotel im Zentrum mit Fitness und Sauna, *I. P. Pavlova 8, 148 Zi., davon 2 behindertengerecht, Tel. 017/322 24 72, Fax 322 80 45, Kategorie 1–2*

Richmond
In einem wunderschönen englischen Park, *Slovenská 3, 66 Zi., Tel. 017/322 63 20, Fax 322 21 69, Kategorie 1–2*

Thermal
Eines der neueren, aber nicht unbedingt schönen Hotels, Schwimmbad mit Heilwasser

und Nightclub, *I. P. Pavlova 11, 273 Zi., Tel. 017/322 83 91, Fax 322 69 92, Kategorie 1*

SPORT

Der Golfplatz (18 Loch, 6082 m) liegt im Vorort Olšová Vrata.

AM ABEND

Night-Clubs in den Hotels *Thermal* und *Pupp*, im letztgenannten auch Casino *(14–4 Uhr)*. Restaurant *Abbazia* mit Live-Musik und *Casino 777* im Bad I. *(18–3 Uhr)*. Konzerte des Karlsbader Symphonieorchesters, Opern und Operetten werden auch in den großen Hotels veranstaltet.

AUSKUNFT

Kur-Info
Vřídelní kolonáda, Tel. 017/ 322 40 97, Fax 322 46 67, Mo–Fr 7–17 Uhr, in der Saison auch Sa und So 10–17 Uhr

Správa lázní (Kurverwaltung)
Lázeňská 1, Tel. 017/232 15, Mo bis Fr 10–17, in der Saison auch Sa und So

ZIELE IN DER UMGEBUNG

Bečov nad Teplou (B 4)
Seit Mitte 1996 ist in der gotischen Burgkapelle von Bečov (Petschau, 21 km S) das nach den Krönungsinsignien wertvollste Kulturgut Tschechiens ausgestellt: der mit Gold bezogene und mit Hunderten von Edelsteinen verzierte Reliquienschrein des hl. Maurus. Das wunderschöne romanische Werk (nach 1150) ist *April–Okt. tgl. außer Mo 9 bis 17 Uhr* zu besichtigen.

Loket (B 4)
Die Stadt Elbogen (12 km SW, 3000 Ew.) erhebt sich terrassenförmig vom Fluß Ohře (Eger) zur königlichen Burg. Ihrer strategischen Lage verdankt sie den Beinamen »Schlüssel zum Böhmischen Königreich«. Sehenswert sind die spätgotische Wenzelskirche, ein reichhaltiges Porzellanmuseum *(tgl. außer Mo 9 bis 16 Uhr)* und das frühbarocke Rathaus. Unterkunft im gemütlichen und ruhigen Hotel *Actus* mit *12 Zi.* und Restaurant, *Tel. 0168/941 03, Kategorie 2*

MARIÁNSKÉ LÁZNĚ

(B 5) ★ »Mir war es, als befänd' ich mich in den nordamerikanischen Wäldern, wo man in drei Jahren eine Stadt baut«, schrieb Johann Wolfgang von Goethe, nachdem er 1820 erstmals nach Mariánské Lázně (Marienbad, 15 500 Ew.) kam. Die Idee, ein großes Bad in dem malerischen Talkessel am Südrand des Slavkovský les (Kaiserwald) zu errichten, hatte einige Jahre zuvor der Klosterarzt Dr. Josef Nehr. Der fürstliche Gartengestalter Václav Skalník verwandelte unwegsame Sümpfe in prächtige Parkanlagen, in die im Laufe des letzten Jahrhunderts prunkvolle Hotels und Kurhäuser gebaut wurden. Vierzig kalte Mineralquellen versprechen Heilung bei Erkrankungen der Verdauungs-, Harn- und Atemwege, sowie bei Hautkrankheiten und Nervenleiden. Speziell für überforderte Menschen werden Anti-Streß-Kuren angeboten. Goethe wollte seine Beschwerden mit Hilfe des 55 Jahre jüngeren »Jungbrunnens« Ulrike von Levetzow lindern, um sich dann seine Ent-

WESTBÖHMEN

täuschung in der »Marienbader Elegie« von der Seele zu schreiben. Unglücklich verliebt war hier auch Frédéric Chopin, dem zu Ehren in der zweiten Augusthälfte ein Musikfestival stattfindet. In der Nähe der 180 m langen Kolonnade spielt die »singende Fontäne« mit 18 m Durchmesser computergesteuert zu jeder ungeraden Stunde. Zu den Sehenswürdigkeiten gehören auch das Gesellschaftshaus Casino, das Museum am Goetheplatz und die russisch-orthodoxe Kirche, für deren Bau der Zar Zehntausende Rubel ausgab.

RESTAURANT

Koliba
Wildspezialitäten, *Dusíkova, tgl. 11–23 Uhr, Weinstube 19–24 Uhr, Tel. 0165/51 69, Kategorie 2*

EINKAUFEN

Kunstgegenstände und Schmuck in reichhaltiger Auswahl gibt es bei *Harmonie, Hlavní 56*, und wunderbare Antiquitäten im *Zlatá kotva, Hlavní 43*.

HOTELS

Excelsior
Altehrwürdiges Hotel mit allem Komfort im Zentrum, Sauna, Solarium, Massage, zwei Restaurants, *Hlavní 121, 64 Zi., davon 2 behindertengerecht, Tel. 0165/27 06, Fax 53 46, Kategorie 1*

Helga
Luxuriös ausgestattetes Jugendstilgebäude unweit der Kolonnade und der Waldquelle, *Třebízského ul. 428/10, 25 Zi., Tel. 0165/51 60, Fax 762 41, Kategorie 1*

Monty
In ruhiger Lage am Berg, mit eigenem Kurzentrum und Tanzcafé, *Příkrá 218, 103 Zi., Tel. 0165/ 46 82-4, Fax 46 85, Kategorie 1*

Palace
Luxushotel mit Möbeln im Stil Ludwig XIV., französisches Restaurant, Goethe-Café, neu renoviert. *40 Zi. und 5 App., Hlavní 67, Tel. 0165/22 22, Fax 42 62, Kategorie L*

Villa Butterfly
Das teuerste Hotel vor Ort, Restaurant Fontaine, Café de Paris, Herrenclub King Edward, *Hlavní 655, 94 Zi., davon 2 behindertengerecht, 8 Suiten, Tel. 0165/762 01, Fax 762 00, Kategorie L*

SPORT

Der beste 18-Loch-Golfplatz (PAR 72, 6195 m) Tschechiens, auf dessen Rasen schon der englische König Edward VII. 1905 seine Schlagkraft versuchte, liegt 5 km außerhalb.

AM ABEND

In der *Reitenbergerova 95* trifft man sich zu Gesellschaftsabenden, Veranstaltungen und Bällen im Gesellschaftshaus *Casino* mit Ballsaal, *tgl. 11–23 Uhr.* Im *Hotel* ♣ *Berlin, Kollárova 330*, gibt's Live-Musik im Nightclub. Glücksspieler finden ihr Eldorado oder Debakel am Roulettetisch des *Casino Mariánské Lázně, Anglická 336*.

AUSKUNFT

Info Centrum
Hlavní 47, Tel. 0165/24 74, Mo–Fr 9–18 Uhr

Das Tor zum Bier – in der westböhmischen Brauerei, Pilsner Urquell

Správa lázní (Kurverwaltung)
Masarykova 22, Tel. 0165/21 70, Fax 29 82, Mo–Fr 7.30–15.30 Uhr

ZIELE IN DER UMGEBUNG

Kloster Teplá (B 5)
Mit dem Bau des Klosters (Tepl, 12 km O) und der Kirche begannen Prämonstratenser 1193. Zugänglich sind der Klosterhof, die Klosterkirche und die Stiftsbibliothek. Ihr Bestand zählt über 100 000 Bände, darunter seltene alte Handschriften und der Codex Teplensis mit der ersten deutschen Übersetzung des Neuen Testaments hundert Jahre vor Luther, *April–Okt. tgl. außer Mo 9–15 Uhr.* Unterkunft: *Klosterhospiz, modern und preisgünstig, 67 Zi. davon 3 behindertengerecht, und 3 App., Tel. 0169/922 64, Kategorie 2–3*

Schloß Kynžvart (B 5)
Klemens Wenzel Fürst Metternich, bekannt als Staatskanzler und geschickter »Kongreßdiplomat«, nutzte das Empireschloß (Königswart, 5 km NW) als Sommersitz. Heute beherbergt das Schloß orientalische und naturwissenschaftliche Sammlungen, sowie Arbeitsgeräte des früheren Henkers von Cheb, Carl Huss. *April–Sept. tgl. außer Mo 9–17 Uhr*

WESTBÖHMEN

PLZEŇ

(**D 6**) Die zweitgrößte Stadt Böhmens (Pilsen, 180 000 Ew.) ist Mutter der Škoda-Werke und genießt als Patin der nach ihr benannten hell-bitteren Biersorte süffigen Weltruhm. Die Maschinenbau- und Bierkonzerne entstanden schon um 1850. Ihre Lage am alten Handelsweg, heute Hauptverbindung zwischen Nürnberg und Prag, macht Pilsen zum wichtigsten Industriezentrum Westböhmens. Beim bloßen Durchfahren wirkt die Bierstadt grau und düster, ein Abstecher ins Zentrum lohnt sich: Aus dem Aschenputtel wird eine Gräfin im mittelalterlichen Gewand. König Václav II. gründete die Stadt 1295 nach einem großzügigen Grundriß mit dem größten Marktplatz Böhmens (193 m mal 139 m). Diesen zieren das prunkvolle Renaissance-Rathaus und die spätgotische Kirche St. Bartholomäus mit einem 103 m hohen schlanken Turm und der anmutigen gotischen »Pilsner Madonna« (von 1395) auf dem Hauptaltar.

BESICHTIGUNGEN

Brauerei und Biermuseum
Im Mittelalter, so erzählt man, wurde die Bierqualität geprüft, indem sich der Braumeister mit einer Lederhose bekleidet auf eine mit Bier übergossene Holzbank setzte. Blieb der Brauer kleben, war das Bier in Ordnung. Wie Helles und Dunkles gebraut und in 9 km langen Lagerbierkellern gelagert wird, erfährt man bei der Besichtigung der Brauerei Prazdroj (wochentags um 12.30 Uhr). Sehr anschaulich ist das Brauereimuseum in der Veleslavínova 6, tgl. außer Mo 10 bis 16 Uhr.

Západočeská galerie
Tschechische Kunst vom Mittelalter bis zur Moderne zeigt die Westböhmische Galerie in den einstigen Fleischerläden.

RESTAURANT

Na spilce und Formanka
Fünfzig Meter hinter dem »triumphalen« Brauereitor von Prazdroj wird zu tschechischen Spezialitäten Pilsner Urquell getrunken, tgl. 10–22 Uhr. Im Stockwerk darüber, im Formanka, gibt es die Biersorten Gambrinus und Purkmistr. Mo–Fr 14–21 Uhr U Prazdroje 7, beide Kategorie 2

HOTELS

Central
Zentral gelegen mit Sauna und Fitneßraum, Nám. Republiky 33, 72 Zi. und 5 App., Tel. 019/ 722 67 57, Fax 722 60 64, Kategorie 1

Continental
Altehrwürdiges Hotel im Zentrum, Zbrojnická 8, 52 Zi. und 2 App., Tel. 019/723 52 92-4, Fax 722 17 46, Kategorie 2

Panorama
Neues Hotel außerhalb vom Zentrum mit schöner Aussicht, V Lomech 11, 24 Zi. und 3 App., alle behindertengerecht, Tel. 019/53 43 23, Fax 53 43 28, Kategorie 1–2

AUSKUNFT

Info
Náměstí Republiky 41, Tel. 019/ 723 65 35, tgl. 9–17 Uhr

SÜDBÖHMEN

Wälder und Teiche in Hülle und Fülle

Kein Wunder, daß in Südböhmen so viele Burgen und prachtvolle Schlösser stehen

Fragen Sie Tschechen, wo sie in heimatlichen Gefilden ihren Urlaub verbringen möchten, so werden sich die meisten für Südböhmen entscheiden. In den dichten Wäldern gehen die Einheimischen ihrer Lieblingsbeschäftigung nach, dem Beeren- und Pilzesammeln, in den Teichen, von wo der traditionelle Weihnachtskarpfen kommt, wird gefischt und gebadet. Jahrhundertelang beherrschte das mächtige Adelsgeschlecht Rožmberk (Rosenberger) mit der fünfblättrigen Rose im Wappen Südböhmen und ließ im 16. Jh. die traumhafte Teichlandschaft um Třeboň anlegen. Die Dämme wurden mit Eichen bepflanzt und gesichert; es entstanden herrliche Alleen. Hoch über der Moldau, dem im »wanderscheenen« Böhmerwald entspringenden längsten Fluß Tschechiens, errichteten die Rožmberks und die Fürsten Schwarzenberg romantische Burgen und Schlösser; malerische Städte entstanden an den Ufern

Fischer bei ihrer Arbeit am südböhmischen Teich Svět nahe Třeboň

der Moldau. Südböhmische Dörfer sind noch richtig urige Dörfer mit Häusern im volkstümlichen Bauernbarock und einem schilfumwachsenen Teich, auf dem im Winter Schlittschuh gelaufen wird. Diese anmutige Landschaft zum Verlieben ist ein Spiegelbild der Seele ihrer Bewohner: eine Prise Melancholie, gespickt mit nostalgischer Verträumtheit und dazu einen Halben Budvar.

ČESKÉ BUDĚJOVICE

(**E 10**) »Schön willkommen in Budweis, Schwejk. Wer gehängt werden soll, der ertrinkt nicht!« So begrüßte Oberleutnant Lukáš den braven Soldaten nach dessen Irrfahrt durch Südböhmen. České Budějovice (Budweis, 100 000 Ew.) wurde 1265 von König Přemysl Otakar II. gegründet und, da von allen Königen protegiert, zum bedeutendsten Umschlagplatz für Salz zwischen Linz und Prag. 1832 wurde die heutige industrielle und kulturelle Metropole Südböhmens Ausgangspunkt der ersten Pferdeeisenbahn auf dem europäischen Kontinent; die Strecke führte zum 130 km entfernt gelegenen Linz.

BESICHTIGUNGEN

In der Nähe des mit Arkadenhäusern umsäumten Marktplatzes (mit 133 mal 133 m der zweitgrößte in Tschechien) ragt der 72 m hohe ☀ Glockenturm *Černá věž* (Schwarzer Turm), das Wahrzeichen der Stadt, zum Himmel. Mitten auf dem Platz steht der barocke ☀ Samsonbrunnen. In seiner Nähe findet man den mit einem Kreuz gekennzeichneten »magischen Stein«: Wer nach 22 Uhr darauf tritt, findet nicht mehr den Weg nach Hause. Wem's passiert, der hat wohl eher zu tief in den Bierkrug mit dem weltberühmten Budvar geschaut. Den gotischen Dóm sv.

Mikuláš (St. Nikolaus) bauten italienische Baumeister 1641–49 im Barockstil um. In der *Mánes-Straße 10* findet man an der ehemaligen Endstation der Pferdeeisenbahn ein kleines Eisenbahnmuseum. *Tgl. außer Mo 9–12 und 12.30–17 Uhr.*

RESTAURANT

Masné krámy
In den ehemaligen Fleischläden aus dem 16. Jh. duftet es heftig nach Deftigem und nach Bier, *tgl. 10–23 Uhr, Krajinská 13, Kategorie 3*

HOTELS

U tří lvů
Eine neue, ruhige Adresse im Zentrum am Kulturhaus, mit Restaurant, *U tří lvů 3a, 33 Zi.,*

MARCO POLO TIPS FÜR SÜDBÖHMEN

1 Český Krumlov
Mittelalter oder was? Ein imposantes Schloß und herrliche alte Häuser stilecht in einem Moldaumäander (Seite 56)

2 Hluboká
Ein weißes Märchenschloß voller Schätze, Schloß Windsor läßt grüßen (Seite 55)

3 Šumava
Jahrzehntelang Grenzsperrgebiet, heute Nationalpark (Seite 60)

4 Třeboň
Wälder und weit über zweihundert Teiche – eine

der besonders schönen und eigenwilligen Landschaften Böhmens (Seite 63)

5 Orlík
Das Schloß der Schwarzenbergs könnte durchaus auch an der Loire stehen (Seite 59)

6 Jindřichův Hradec
Zauberhaftes Städtchen inmitten lieblicher Natur (Seite 58)

7 Tábor
Die Hussiten bauten ihr Refugium hoch über dem malerisch gelegenen Tal der Lužnice (Seite 61)

SÜDBÖHMEN

Das Traumschloß Hluboká gehörte bis 1945 den »Südböhmenkönigen«

3 App., Tel. 038/599 00, Fax 597 80, Kategorie 2

Zvon
Traditionsreiches Komfort-Hotel mit historischem Flair am Marktplatz, mehrere gemütliche Restaurants, Grill und Café, *Nám. Přemysla Otakara II. 28, 75 Zi., Tel. 038/731 13 83-4, Fax 731 13 85, Kategorie 1*

AUSKUNFT

Info
Nám. Přemysla Otakara II. Nr. 2, Tel./Fax 038/525 89, tgl. 8.30 bis 17.30 Uhr

ZIELE IN DER UMGEBUNG

Schloß Hluboká nad Vltavou (E 10)
★ Das Traumschloß gehörte bis 1945 den Schwarzenbergs, die seit ihrem Sieg über die Türken bei Raab einen abgeschnittenen Türkenkopf, dem ein Rabe die Augen auspickt, im Wappen tragen. Das mächtige Adelsgeschlecht (»Südböhmenkönige«), das zeitweilig 640 000 ha Land besaß, gab enorme Geldsummen für den Umbau von Schloß Hluboká (Frauenberg, 10 km N) nach dem Vorbild des englischen Schlosses Windsor und für die luxuriöse Ausstattung der Schloßgemächer aus. Jedem Kunstliebhaber lassen das prächtige Mobiliar, das Rudolfinische Kabinett mit Intarsien, großartige flämische Tapisserien, Kassettendecken, Delfter Fayencen, Gemälde und kostbare Glasgegenstände das Herz höher schlagen. Zweifellos war Pavlína von Schwarzenberg eine der interessanten Schloßbewohnerinnen – eine

ebenso schöne wie begabte Frau. Sie kam bei einem Brand ums Leben, und zwar während eines Balles zu Ehren von Napoleon Bonaparte in Paris. Sie wollte eines ihrer neun Kinder retten. *April–Okt. tgl. außer Mo 8–16, Juni bis Aug. auch Mo bis 17 Uhr*

Jagdschloß Ohrada   **(E 10)**
Wald- und Jagdmuseum 2 km von Hluboká entfernt mit 200 000 Exponaten, darunter ein preisgekrönter Sechsundzwanzigender mit einer Stangenlänge von 120 cm, Tisch und Stühle aus Geweihen, mit Intarsien verzierte Gewehre, Jagdtrophäen und der letzte, 1856 in Böhmen erlegte Bär. Kleiner Zoo und Restaurant. *März–Okt. tgl. außer Mo 8.30–19 Uhr*

ČESKÝ KRUMLOV

(E 11) ★ Krumm schlängelt sich die Moldau durch ein enges Tal, über ihr auf einem Felsen thront die großartige Residenz Český Krumlov, nach dem Prager Hradschin das größte Schloß Böhmens. Zu seinen Füßen liegen die mittelalterliche, pittoreske Vorburg Latrán und die von einer Moldauschleife eingerahmte Altstadt. Diese Perle der böhmischen Städte (Krumau = krumme Au, 14 000 Ew.) ist mit ihren 250 historischen Gebäuden ein einziges Museum der Baukunst und steht auf der Unesco-Liste der Weltkulturdenkmäler. Vor allem die Rožmberks sorgten im 15. und 16. Jh. für einen Bau-Aufschwung. Vilém Rožmberk jedoch hinterließ seinem Bruder Petr Vok, dem letzten und kinderlosen Rožmberk, einen riesigen Schul-

denberg im heutigen Wert von 4,5 t Gold. Als dem völlig ruinierten Vok 1611 kein anderer Ausweg blieb, als das Schloß an Rudolf II. zu verkaufen, war es mit 300 Gemächern und 5 Innenhöfen sogar größer als die damalige kaiserliche Prager Burg.

BESICHTIGUNGEN

Den ausgedehnten Burgkomplex überragt der 🔃 Schloßturm, den der Schriftsteller Karel Čapek als den »türmigsten aller Türme« beschrieb. Über die dreistöckige Schloßbrücke gelangt man zum englischen Garten und zum Lustschlößchen Bellarie, das dem Freilichttheater mit einer einzigartigen drehbaren Zuschauertribüne für 658 Besucher als Kulisse dient. Optische Überraschungen bietet der für Hofbälle eingerichtete Maskensaal mit illusionistischen Figuren von Joseph Lederer. Im Barock-Theater befinden sich alte Kostüme, Kulissen, Requisiten, Partituren und Libretti. *Mai, Sept. und Okt. 9–16, Juni-Aug. 9–17 Uhr.* Am Hauptplatz Náměstí Svornosti stehen das Renaissance-Rathaus und die Pestsäule von Matthias Jaeckel. Statt Bier sind 80 Aquarelle und Zeichnungen von Egon Schiele im Brauhaus ausgestellt. Die 🏃 »Festtage der fünfblättrigen Rose« zu Ehren der Rožmberks mit historischen Trachtenumzügen, Konzerten und volkstümlicher Unterhaltung finden im Juni statt.

HOTELS

Bohemia Gold
Neues stilvolles Luxushotel am Park im Zentrum gelegen, mit

SÜDBÖHMEN

Český Krumlov – ein einzigartiges Kulturdenkmal

elegantem Restaurant, *Park 55, 11 Zi., Tel. 0337/613 23, Fax 613 22. Kategorie 1–L*

Růže
Dieses Haus bietet Ruhe und Komfort in der ehemaligen Jesuitenresidenz im historischen Stadtkern, mit Restaurant, *Horní 153, 110 Betten, Tel. 0337/22 45 und 54 81-3, Fax 38 81, Kategorie 1*

AUSKUNFT

Infocentrum
Nám. Svornosti 1, tgl. 9–17, in der Saison auch Sa und So 10–17 Uhr, Tel./Fax 0337/56 70

ZIELE IN DER UMGEBUNG

Berg Kleť (E 10)
Den 10 km NW von Krumlov gelegenen Berg (1083 m) kann man selbst besteigen oder sich im Sessellift hochfahren lassen. Bei klarem Wetter sieht man vom Aussichtsturm die Alpen.

Rožmberk und Vyšší Brod (E 11)
Die Stammburg des Rožmberk Petr Vok liegt hoch auf einer Felszunge über der Moldau (Rosenberg, 18 km S). Familienportraits, ein Waffenarsenal und wertvolle Möbel sind zu besichtigen. Das enge und romantische Moldautal um Rožmberk ist ein Treffpunkt vieler Kahn-, Kajak- und Kanufahrer. 10 km SW befindet sich das ehemalige Zisterzienserkloster Vyšší Brod (Hohenfurth) mit der Familiengruft der Rožmberks und einer wertvollen Barockbibliothek.

Kloster Zlatá Koruna (E 10)
Als Zisterzienserkloster wurde das 7 km NO von Krumlov gelegene Goldenkron 1263 von Böhmenkönig Přemysl Otakar II. angelegt. Er ist im Chor begraben. Der französische König Ludwig der Heilige schenkte dem Kloster einen Dorn aus der Dornenkrone Christi. Fortan hieß es Trnová Koruna (Dornenkron), bis es, reich geworden, seinen jet-

zigen Namen Goldenkron bekam. Sehenswert sind der schöne Kapitelsaal aus dem 13. Jh. und die 1995 entdeckten barocken Fresken, die auf 50 qm die vier Evangelisten darstellen.

JINDŘICHŮV HRADEC

(F 9) ★ Tiefe Wälder, fischreiche Teiche und herrlich einsame Naturlandschaften gaben diesem Teil Südböhmens den Beinamen »Tschechisch-Kanada«. Im Wasser des Teiches Vajgar spiegelt sich die von Jindřich von Hradec vor 1220 gegründete Burg, die italienische Architekten im 16. Jh. zu einem imposanten Renaissancesitz umbauten. Das weitläufige Schloß mit einer Gemäldesammlung, französischen Gobelins und der berühmten gotischen »Madonna von Hradec« ist eine Besichtigung wert. *April bis Sept. tgl. 9–16 Uhr.* Wertvolle Tapisserien werden in einer Werkstatt in der Vorburg restauriert. Im mit Stuckarbeiten verzierten Schloßrondell, bei dessen Restaurierung 2,5 kg Gold verarbeitet wurden, fanden prächtige Bälle und Konzerte statt. Bewohnt wurde das Schloß im 15. Jh. von Perchta z Rožmberka, der legendären »Weißen Frau«, die in den meisten Schlössern und Burgen Böhmens als Gespenst ihr Unwesen trieb. Bei ihren gruseligen Auftritten trug sie Handschuhe: rote standen für Feuer, schwarze für Trauer und weiße für Geisterstunde pur. Das Stadtbild von Jindřichův Hradec (Neuhaus, 20 000 Ew.) vervollkommnen hübsche alte Häuser am dreieckigen Marktplatz. Teiche mit Was-

sersportangebot in der Umgebung heißen Mutyněvský rybník und Osika.

RESTAURANTS UND HOTELS

Bílá paní
Kleines Hotel mit einem gutem Restaurant, *Dobrovského 5, 7 Zi., Tel. 0331/220 59, Kategorie 2*

Concertino / Zlatá husa
Neues Familienhotel mit angenehmer Atmosphäre am Marktplatz, *Nám. Míru 141, 34 Zi., davon 1 behindertengerecht, Tel./Fax 0331/ 36 19 27, Kategorie 2*

AUSKUNFT

Info
Panská 136, Tel 0331/214 87, Mo bis Fr 8–17 Uhr, in der Saison bis 18 Uhr, Sa und So 8–12 Uhr

ZIELE IN DER UMGEBUNG

Eisenbahnfahrt (G 10)
Nostalgische Fahrt mit dampfbetriebener Schmalspureisenbahn durch das wildromantische »Tschechisch-Kanada« ab Bahnhof Jindřichův Hradec nach Nová Bystřice (32 km) von *Juli–Sept. Auskunft Tel. 0331/229 24*

Schloß Červená Lhota (F 9)
Rotlhota ist eines der herausragenden Wasserschlösser Mitteleuropas mit alten Möbeln, Fayence- und Geschirrsammlung. Es liegt etwa 20 km NW. *April–Okt. tgl. 9–12 und 13–17 Uhr*

PÍSEK

(D 9) Die meisten Leute glauben, die älteste Brücke Tschechiens sei die Karlsbrücke. Sie irren sich.

SÜDBÖHMEN

Die gotische Brücke über die Otava (Wottawa) in Písek hat über ein halbes Jahrhundert mehr auf dem Steinbuckel als ihr Prager Pendant. Die Stadt (písek = Sand, 29 000 Ew.) entstand vor 750 Jahren in der Nähe einer Goldwäschersiedlung. Die Geschichte der hiesigen Goldgewinnung dokumentiert eine Ausstellung im Burgmuseum am Fluß mit einer bemerkenswert gut erhaltenen Goldmühle aus dem 13.–14. Jh. Obwohl die Bürger Píseks heute nicht vor Gold strotzen, haben sie ihre historischen Denkmäler vorbildlich instandgesetzt: die Kirche Narození Panny Marie (Mariä Geburt), das barocke Rathaus, die Renaissancehäuser auf dem Hauptplatz Velké náměstí und das Dominikanerkloster. Jährlich, am ersten Samstag im August, findet in Staré Kesťrany an der Autobrücke über die Otava ⚲ ein Goldwäscher-Wettbewerb statt. Gewinner ist, wer innerhalb von 15 Min. die meisten Goldplättchen »zlatinky« – im Sieb hat. Reich wird man dabei nicht, denn der Rekord liegt bei 186 Plättchen, etwa 0,14 g des Edelmetalls. Allein der Spaß ist es wert.

HOTELS

Amerika
Modern mit *57 Zi., 5 davon behindertengerecht. Ul. R. Weinera 2375, Tel. 0362/593 57, Fax 23 61, Kategorie 2*

Cityhotel
Gemütliches Hotel im Zentrum, mit einem guten Restaurant, *Alšovo nám. 35, 16 Zi., Tel./Fax 0362/51 92, Kategorie 2*

AUSKUNFT

Evrotour
Tyršova 53/2, Tel./Fax 0362/43 14, tgl. 9–18, Sa 9–15 Uhr

ZIELE IN DER UMGEBUNG

Kloster Lomec   (D 9–10)
Das im Volksmund liebevoll Lomeček genannte Kloster ist ein barocker Geheimtip. Die prachtvolle Hochbarockkirche (1695 bis 1702), vermutlich das Werk des berühmten Giovanni Santini, steht allein mitten im Wald. Meisterhaft ist die Innenausstattung: Ein großer Baldachinaltar mit gewaltigen Schnitzsäulen, an deren Spitzen hölzerne Engel an Akanthusketten einen laternenförmigen Doppeltabernakel halten. Im oberen Teil findet man die Kopie einer kleinen Statue der Gottesmutter aus Foyen in Belgien. Sie soll dem Grafen Buquoy während eines Sturmes im Mittelmeer das Leben gerettet haben, worauf er versprach, das Kloster zu bauen. Lomec liegt 27 km südlich von Písek, in Richtung Vodňany, dann Truskovice und von dort 4 km südöstlich.

Schloß Orlík   (D 8)
★ Wie ein Adlerhorst thronte einst das schneeweiße Schloß Orlík (kleiner Adler, 35 km N) auf einer Felsklippe hoch über der Moldau. Nachdem der Wasserspiegel im Jahre 1960 für den Orlík-Stausee um 60 m angehoben wurde, sieht Schloß Orlík eher wie ein Wasserschloß aus. Seit einigen Jahren ist es wieder im Besitz des Fürsten Schwarzenberg. Sehenswert: wertvolle Jagdgewehre, der Rittersaal sowie das Museum mit persönli-

chen Gegenständen von Karl Philipp Fürst von Schwarzenberg, des Siegers über Napoleon in der Völkerschlacht bei Leipzig 1813. *April–Okt. tgl. außer Mo 9 bis 16 Uhr.* Regelmäßige Schiffsverbindung zur Burg Zvíkov. Schloßgaststätte *U Töryka 1. April bis 31. Okt. tgl. außer Mo, Kategorie 2*

Burg Zvíkov (D 8)

Ihre majestätische Größe und die Lage am Zusammenfluß von Moldau und Otava gaben Zvíkov (Klingenberg 15 km N) den Beinamen »Königin der böhmischen Burgen«. Sie ist eine architektonische Meisterleistung aus dem 13. Jh. Aus der Zeit der böhmischen Gotik stammen die einmaligen Arkadenumgänge im Parterre und im ersten Stock des mächtigen Palastes sowie die Fresken in der Burgkapelle. *Mai-Sept. tgl. außer Mo 9–16 Uhr. Unterkunft: Hotel Zvíkov,* Familienhotel am Stausee, *Zvíkovské Podhradí, 30 Zi., 14 Bungalows, Tel. 0362/ 956 59, Fax 956 55, Kategorie 2*

ŠUMAVA

(B 9–D 11) ★ Historische Absurditäten können im nachhinein auch Positives mit sich bringen. Einer der besonders bewachten Teile des Eisernen Vorhangs, das Gebirge Böhmerwald an der Grenze zwischen Bayern und Böhmen, abgesichert durch Minenfelder, elektrische Zäune und eine Sperrzone, wurde nach der sanften Revolution 1989 als herrliche und unberührte Natur für den Tourismus freigegeben. Die Landschaft von herber Schönheit mit einer Durchschnittshöhe von 1000 m wurde zu einem 685 qkm großen Nationalpark

erklärt und bildet mit dem 131 qkm großen Bayerischen Wald eine geographische Einheit. Šumava, wo Wälder im Wind leise rauschen (tschechisch *šumí*), ist ein ideales Wandergebiet. Gut markierte Wanderwege führen zu eiszeitlichen Hochmooren mit einzigartiger Flora und den Überbleibseln der beiden eiszeitlichen Gletscherseen, Černé jezero und Čertovo jezero, zu Wasserfällen, rauschenden Bächen und der Moldauquelle unweit der Ortschaft Kvilda.

Durch den seit 150 Jahren von Menschenhand unberührten, 46 ha großen Urwald Boubín prales am 1362 m hohen gleichnamigen Berg führt ein Wanderlehrpfad an jahrhundertealtem Baumbestand vorbei. In abgelegenen Teilen des Šumava leben noch Luchse und kleine Wolfsrudel, beobachten kann man Rothirsche und Wildschweine in freier Wildbahn. Als Tor zum Böhmerwald gilt Železná Ruda (Markt Eisenstein, 1500 Ew.). Vom nahegelegenen Berg ⚜ Pancíř (Panzer, 1214 m, Sessellift) hat man einen schönen Ausblick. Auf Fremdenverkehr eingestellt sind die Orte Sušice (Schüttenhofen, 11 000 Ew.) mit einem interessanten Böhmerwaldmuseum, das hübsche Kašperské Hory (Bergreichenstein, 2000 Ew.), der Wintersportort Zadov-Churáňov mit guten Loipen und Vimperk (Winterberg, 7000 Ew.). Günstige Ausgangspunkte für Fahrten und Wanderungen in den Böhmerwald sind die historischen Städte Klatovy (Klattau), mit einem eindrucksvollen Hauptplatz, und das ehemals reiche Prachatice (Prachatitz, 11 000 Ew). Sein gut

SÜDBÖHMEN

erhaltener Stadtkern und die vielen mit Graffiti geschmückten Häuser suchen in Südböhmen ihresgleichen.

HOTELS

Anna
Elegantes Hotel im Zentrum von Vimperk, *36 Zi. und 16 App., alle behindertengerecht, Kaplířova ul. 168, Tel. 0339/220 50, Fax 213 48, Kategorie 1–2*

Arnika
Modernes Hotel in 1000 m Höhe zwischen Boubín und Vimperk. *46 Zi., Kubova Huť, Tel. 0339/ 987 26, Fax 987 27, Kategorie 2*

Parkhotel Tosch
Neues Hotel in Kašperské Hory, guter Ausgangspunkt für Wanderungen und Langlauf, Sauna, Schwimmbad, Reiten, stilvolles Restaurant, *44 Zi., Tel. 0187/ 92 25 93, Fax 92 25 00, Kategorie 1*

Rosa
Kleines neues Hotel in Řetenice unweit des Skizentrums Zadov-Churáňov mit Pool, Tennis und Fahrradverleih, *Tel./Fax 0339/ 931 82, Kategorie 2*

AUSKÜNFTE

In Klatovy: **Pergolia**, *Nám. Míru 63, Tel. 0186/235 15*
In Prachatice: **KIS**, *Horní 170, Tel. 0338/214 27*
In Železná Ruda: **Info**, i*m Museum, Tel. 0189/970 33*

ZIELE IN DER UMGEBUNG

Husinec   (D 10)
In Husinec (5 km N von Prachatice) wurde der Reformator Jan Hus um 1370 geboren. Sein Geburtshaus beherbergt eine Gedenkstätte mit Museum. Seit 1402 predigte Hus in der Prager Betlehemskapelle täglich vor 3000 Zuhörern und verlangte die Rückkehr der Kirche zur Armut und die Abschaffung des Ablasses. Im Jahre 1415 wurde er als Ketzer in Konstanz verbrannt. Seine Anhänger, die Hussiten, kämpften noch weitere 20 Jahre für eine Kirche nach biblischem Vorbild.

Stausee Lipno   (D 11)
Der größte Stausee Böhmens mit 4659 ha Wasserfläche liegt in einem Erholungsgebiet im südlichen Teil des Böhmerwaldes in 726 m Höhe. Der 42 km lange und bis zu 16 km breite See wurde in den fünfziger Jahren angelegt. Er ist eingerahmt von weitläufigen Sandstränden und eignet sich für viele Wassersportarten (Surfen, Segeln), Angeln, Dampferfahrten. Das Touristenzentrum Horní Planá (Oberplan) ist der Geburtsort des berühmten Böhmerwaldschriftstellers Adalbert Stifter (1805–1868). In dessen Geburtshaus, Palackého 21, befindet sich ein Museum, das einen Besuch lohnt. Das malerisch gelegene Frymburk und auch Lipno bieten zahlreiche Hotels, Campingplätze und Ferienhäuser.

TÁBOR

(E–F 8) ★ Auf einem Felsen oberhalb des Flusses Lužnice bauten Hussiten im Jahre 1420 ihre nach einem biblischen Berg benannte Siedlung Tábor (heute 34 000 Ew.). Die radikalen Anhänger des fünf Jahre zuvor in Konstanz als Ketzer verbrannten Reformators Jan Hus führten einen verbissenen Kampf gegen die Kirche; Tábor benutzten sie als militärisches Zentrum. Den vergleichsweise eher unbeweglichen Kreuzritterheeren stellte der militär-strategisch geschickte, einäugige Hussitenführer Jan Žižka z Trocnova, äußerst bewegliche Fußtruppen entgegen, die sich hinter Wagenburgen versteckten. Auf den Fahnen der Hussiten stand der Spruch »Die Wahrheit siegt«. Dieser Spruch ist seit 1918 auch auf der Präsidentenflagge zu lesen. Die Handfeuerwaffe *píšťala* (Trillerpfeife) der Hussiten findet man als Pistole im modernen Sprachgebrauch wieder.

Auf dem Hauptplatz, Žižkovo náměstí, mit dem Žižka-Denkmal steht das gotische Rathaus von 1440 mit spätgotischem Ratssaal und Hussiten-Museum. Von dort steigt man hinab in die mehrstöckigen Katakomben, die militärischen Zwecken dienten. *Mo–Sa 9–19, So 10–17 Uhr.* Durch enge, mittelalterliche Gassen der Altstadt gelangt man zu den Resten der Befestigungsanlage mit der ⚜ Burg Kotnov und dem Tor Bechyňská brána. Während der Saison finden vor dem Rathaus mittags Festveranstaltungen nach historischem Vorbild statt. Mitte September verwandelt sich das Stadtzentrum für drei Tage in eine mittelalterliche Stadt: ⚓ Trachtenzüge, Konzerte und Ritterspiele gehören beim »Táborer Treffen« zum Programm.

HOTELS

Kapitál
Stilvoll renoviertes Komforthotel, *třída 9. května 617, 24 Zi., Tel. 0361/25 60 96, Kategorie 2*

Mašát Měsíce
Zwei km vom Zentrum, Tennis, Reiten, Angeln, *Zástavy 474, 16 Zi., 1 Zi. behindertengerecht, Tel./ Fax 0361/634 50, Kategorie 2*

AUSKUNFT

Infocentrum
Žižkovo náměstí 2, Tel. 0361/ 25 23 85, Mo–Fr 9–16 in der Saison bis 20 Uhr, Sa 9–12.30, So 13 bis 18 Uhr

ZIELE IN DER UMGEBUNG

Klokoty (F 8)
Wallfahrtsort (1701–30) auf der linken Seite des Flusses Lužnice, 2 km vom Zentrum. Kloster und Marienkirche mit Barocktürmen und Barockeinrichtung, Hauptaltar aus vergoldetem Silber. ⚜ Wunderschöner Ausblick auf Tábor und Lužnice-Tal.

Burgruine Kozí Hrádek (F 8)
4 km O befindet sich der Badeteich Knížecí rybník. Von dort aus führt ein 2,5 km langer, markierter Wanderweg zur Burgruine Kozí Hrádek (Ziegenburg). Für die tschechische Geschichte von ähnlicher Bedeutung wie die Wartburg für die deutsche. Von 1412–14 diente die damals große Burg dem wegen seiner Lehren mit dem Bann belegten Jan Hus als Zufluchtsort. Hus schrieb hier theologische Schriften und vereinfachte die damalige tschechische Rechtschreibung.

Tal der Lužnice (F 9)
Paradies für ⚓ Wassersportler mit Kajak oder Kanu; daneben Möglichkeiten zu Wanderungen und Radausflügen durch romantische

SÜDBÖHMEN

Landschaften. Westlich von Tábor führt ein Wanderweg zur gotischen Burgruine Příběnice aus dem 13. Jh.

TŘEBOŇ

(F 10) ★ Das malerische Städtchen, zugleich Kurort (Wittingau, 9500 Ew.), liegt inmitten eines Naturschutzgebietes (700 qkm) mit Wäldern, Mooren und ungezählten Fischteichen – ein Paradies für zahlreiche Vogelarten. An der Gestaltung dieser einzigartigen Kulturlandschaft war das böhmische Adelsgeschlecht der Rožmberks maßgeblich beteiligt. Sie beauftragten vor 400 Jahren Jakub Krčín aus Jelčany mit dem Bau eines Teich- und Seensystems, dessen Kernstück, die 45 km lange *Zlatá stoka* (Goldene Rute), die Teiche untereinander verbindet. Der größte Teich mit 489 ha ist nach den Rožmberks benannt. Herrliche Rad-, Reit- und Wanderwege führen um die Teiche.

Die Altstadt von Třeboň ist ein buntes Ensemble mit Renaissance- und Barockhäusern; die schönsten findet man samt den Arkaden und Lauben am belebten Marktplatz. Ein Park umgibt das großzügig angelegte Renaissanceschloß. In der Kirche sv. Jiljí steht die berühmte Statue Třeboňská Madonna (um 1400). Der weltbekannte Altar des Třeboňer Meisters aus dem Jahre 1380 hat seinen Platz in der Prager Nationalgalerie gefunden. Třeboň war seit 1660 im Besitz der Schwarzenbergs, die 1 km südlich der Stadt eine neugotische Familiengruft (1875–77) errichteten. *Tgl. außer Mo 9 bis 15.30 Uhr*

Mit dem Kajak durch den Böhmerwald

RESTAURANT

Šupina
Fischers Fritz ißt frische Fische in der »Fischschuppe«. *Valy 155, tgl. 10.30–24 Uhr, Kategorie 2*

HOTELS

Petr Vok
Rustikaler Neubau, günstiger Ausgangspunkt für Wanderungen, 2 km vom Zentrum, *26 Zi., 9 Zi. behindertengerecht. Tel./Fax 0333/40 00, Kategorie 2*

Zlatá Hvězda
In einem schönen alten Arkadenhaus am Marktplatz, *Masarykovo náměstí 107, 37 Zi., Tel. 0333/33 65-8, Fax 26 04, Kategorie 2*

AUSKUNFT

Info
Masarykovo náměstí 103, Tel. 0333/25 57, Mo-Fr 9–18, Sa 9–12 und 15–19, So 15–19 Uhr

NORD- UND OSTBÖHMEN

Bizarre Gebirge und böhmische Granate

Der Nordosten bietet viel Natur und Kultur

Fichten- und Kiefernwälder, Seen, Gebirge mit wildromantischen Felsformationen – eine vielfältigere Natur findet man nirgendwo sonst in Tschechien. Entlang der gesamten Grenze zu Sachsen und Polen zieht sich eine einzigartige Gebirgslandschaft hin. Vor allem sind es das Elbsandsteingebirge mit mächtigen Felsenstädten, die sanft gerundeten Lausitzer Berge und das vom Waldsterben geschädigte Isergebirge. Rübezahls monumentales Riesengebirge mit der Elbquelle und das Adlergebirge an der polnischen Grenze sind beliebte Wander- und Skigebiete. Die unvergeßliche Naturszenerie Český ráj, das Böhmische Paradies, verzauberte den Komponisten Bedřich Smetana. Aus seinem Sinfonischen Zyklus »Mein Vaterland« widmete er dieser anmutigen Landschaft den Teil »Aus Böhmens Hain und Flur«.

ČESKÝ RÁJ

(G–H 2–3) ★ Wenn in der tschechischen Nationalhymne das

Kletterparadies Český ráj

»Paradies auf Erden« besungen wird, ist diese Landschaft gemeint. Das Naturschutzgebiet liegt im Dreieck zwischen den Städten Jičín, Mnichovo Hradiště und Turnov. Einmalig in dieser wunderschönen Waldlandschaft ist der Kontrast zwischen tiefen, canyonartigen Schluchten und steil aufragenden, bizarren Felsen. Malerische Wege führen zu Burgen, Schlössern und volkstümlichen Holzhäusern. Besonders imposant ist die Burgruine Trosky. Český ráj ist ideal für Wanderungen, Mountainbike- und Klettertouren.

JIČÍN

(H 3) Auf Schritt und Tritt trifft man auf Spuren des Generalissimus der kaiserlichen Armee im Dreißigjährigen Krieg, Herzog Albrecht von Valdštejn (Waldstein, erst seit Schiller Wallenstein). Das über 700 Jahre alte, muntere Städtchen Jičín (Jitschin, 17 000 Ew.) war für fünfzehn Jahre die Hauptstadt von Wallensteins Herzogtum Friedland. Aus dieser Zeit stammen das Schloß, die St. Jakobs-Kirche und das Jesuitenkollegium. Barock- und Empirehäuser säumen den großen Valdštejn-Platz mit Krönungs- und Aphroditebrunnen. Vom 52 m hohen ☆ Turm Valdická brána hat man einen schönen Ausblick auf die großartigen Felsen Prachovské skály.

HOTEL

Paříž
Modernisiertes Hotel im Zentrum, *Zižkovo nám. 3, 17 Zi., Tel. 0433/229 50, Kategorie 3*

AUSKUNFT

Info
Valdštejnovo náměstí 3, Tel. 0433/ 243 90, in der Saison Mo–Fr 9–17, Sa und So 9–12 Uhr

ZIELE IN DER UMGEBUNG

Burg Kost   **(H 3)**
Bemerkenswert gut erhalten ist die auf einem Sandsteinfelsen errichtete gotische Burg Kost

(Knochen, 17 km NW). Während der Belagerung durch die Hussiten sollen die hungrigen Burgbewohner ein Festmahl vorgetäuscht haben, indem sie mit leeren Tellern klapperten, einen gebratenen Wildschweinkopf und ein Faß Wein auf die Hussiten herabwarfen. »Wir teilen gerne mit unseren Feinden!« riefen sie. Die Belagerer zogen daraufhin ab, und die uneinnehmbare, »knochenharte« Burg erhielt ihren Namen. *Mai–Sept. tgl. außer Mo 9–11.30 und 13–15.30 Uhr*

Prachovské skály
☆ Gut markierte Wanderwege führen durch diesen schönsten Teil des Český ráj (7 km NW) mit Grotten, tiefen und schmalen Schluchten und Klüften. Ein Paradies für 🧗 Kletterer sind die Felstürme aus Sandstein, vor allem Jehla und Čapka. Inmitten der Prachover Felsen liegt der romantische Badesee U Pelíška.

MARCO POLO TIPS
FÜR NORD- UND OSTBÖHMEN

1 Český ráj
Ein Paradies mit bizarren Felsen, Steinlabyrinthen, Burgen und einem Edelsteinmuseum (Seite 65)

2 Labské pískovce
Das Sandsteingebirge schnitt die Elbe in Canyons, Schluchten und Klammen auf (Seite 68f.)

3 Kuks
Das Barock-Wunder eines genialen Grafen kämpft mit der Zeit (Seite 69f.)

4 Adršpašsko-Teplické skály
Die zwei bizarren Felsenlabyrinthe sind wahre Meisterwerke der Natur (Seite 70)

5 Krkonoše
Im legendären Riesengebirge läuft Rübezahl Ski (Seite 70)

6 Nové Město nad Metují
Jugendstil von höchster Vollendung im Schloß des weißen Renaissancestädtchens (Seite 75)

NORD- UND OSTBÖHMEN

Stille und Sandstein – Burg Kost

Unterkunft: *Hotel Skalní město, 26 Zi., Tel. 0433/35 13, Kategorie 2*

TURNOV

(**H 2**) Das um 1250 gegründete Herz des Český ráj, Turnov (Turnau, 14 500 Ew.), ist berühmt für seine Schmuckindustrie. Böhmische Granate, wegen ihrer besonders intensiven Färbung weltweit geschätzt, werden hier verarbeitet. Fundort ist der Berg Kozákov, ein längst erloschener Vulkan, den schon Rudolf II. als »Quelle« edler Steine schätzte. Wer mehr über Jaspis, Achat, Amethyst, Saphir und böhmische Granate aus der Umgebung erfahren möchte, kann diese Halbedel- und Edelsteine sowie aus der ganzen Welt zusammengetragene Mineralien im Museum Českého ráje kennenlernen. Gezeigt wird auch die Verarbeitung der Steine. *Tgl. außer Mo 9–12 und 13–16 Uhr, Skálova 71*

HOTEL

Korunní princ
Mittelklassehotel am Hauptplatz, *Náměstí Českého ráje 137, 24 Zi., Tel./Fax 0436/242 12, Kategorie 2*

WANDERUNGEN UND KLETTERN

Vom Turnover Hauptplatz aus führen gut markierte Naturlehrpfade ins Böhmische Paradies. Der bekannteste ist der 98 km lange *Zlatá stezka* (Goldener Pfad). Der erste Abschnitt von 13,5 km Länge führt über den Felsen Hlavatice auf die Burg Valdštejn (Waldstein), dem 1260 gebauten Stammsitz der Wallensteins, und zur Felsenstadt Hrubá Skála mit dem gleichnamigen Schloß. Weiter geht es zum Wahrzeichen des Český ráj, der Burgruine Trosky. Teile der 1380 erbauten Burg wurden auf zwei fast 60 m hohe ☝ Basaltsäulen gesetzt, später Panna (Jungfrau) und Baba (Großmutter) benannt. Die Felsenstädte Hrubá Skála, Malá Skála und Suché Skály sind herrliche ☝ Kletterparadiese. *Hotel Štekl*, neben Schloß Hrubá Skala, *25 Zi., Tel./Fax 0436/ 91 62 84, Kategorie 3*

AUSKUNFT

Městský úřad Turnov
Dvořákova 1, Tel./Fax 0436/ 255 00, tgl. 9–16 Uhr

ZIEL IN DER UMGEBUNG

Schloß Sychrov (G-H 2)
Der französische Emigrant Fürst Rohan kaufte das Schloß (6 km NW) 1820 und baute es um. Die einzigartige Sammlung französischer Portraits, die Schloßkapelle und der Park, ersetzten dem Fürsten ein Stück seiner Heimat. In der Saison werden am Wochenende Kunststücke der Falknerei vorgeführt, im Juni gibt es das »Dvořák Musikfestival«. *Tgl. außer Mo, 9–16, in der Saison 9 bis 18 Uhr, Vorbestellungen unter Tel. 048/514 60 79*

DĚČÍN

(E 2) Kurz bevor die Elbe auf ihren letzten Kilometern auf böhmischem Gebiet das Elbsandsteingebirge zu durchschneiden beginnt, thront auf einem Felsen das Schloß Děčín über der gleichnamigen Stadt (Tetschen, 55 000 Ew.). Zum Schloß führt der originelle, fast 300 m lange und von einer 7 m hohen Mauer eingefaßte Weg *Dlouhá jízda* (Lange Fahrt). Entlang der Nordwand zieht sich der terrassenförmig angelegte Barockgarten Růžová zahrada mit Fresken in der Sala terrena. Von den Bergen ☝ Stoličná hora (Stuhlberg oder Quaderberg, 289 m) und ☝ Pastýřská stěna (Schäferwand, 288 m, Lift) hat man eine überwältigende Aussicht auf die Stadt und in das tiefe, canyonartige Tal der Elbe.

RESTAURANT UND HOTEL

Česká Koruna
Ein traditionsreiches Hotel mit gutem Restaurant in gepflegter Atmosphäre, *Masarykovo nám. 60, 43 Zi., Tel. 0412/220 93, Fax 266 24, Kategorie 2*

AUSKUNFT

TINA
Sládkova 41, Tel./Fax 0412/247 00, tgl. 9–18 Uhr

ZIELE IN DER UMGEBUNG

Labské pískovce (E-F 1-2)
★ Großartige Felsformationen und einzigartige Canyons locken

NORD- UND OSTBÖHMEN

Wanderer und Bergsteiger in das Elbsandsteingebirge nördlich von Děčín, das auch »Böhmische Schweiz« genannt wird. Das bekannteste Felsenlabyrinth mit bizarren Türmen und zahlreichen Höhlen befindet sich in der Nähe des Dorfes Tisá (15 km W). Weit reicht der ❀ Rundblick vom höchsten Tafelberg Tschechiens, Děčínský Sněžník (Hoher Schneeberg, 726 m), mit einem 1864 erbauten Aussichtsturm. Die Begegnung mit der wilden Natur in Hřensko (Herrnskretschen, 10 km N) berauscht: Wälder, so weit das Auge reicht, aus denen gelb-schwarze Sandsteinfelsen mit zerklüfteten Wänden emporragen. Lohnend sind auch die Bootsausflüge zu den Klammen des Flusses Kamenice. Der größte Felsenbogen Mitteleuropas, ❀ Pravčická brána (Prebischtor), mit einer Höhe von 21 m und einer Spannweite von 26,5 m, läßt nicht nur jedes Geologenherz höher schlagen.

HRADEC KRÁLOVÉ

(**L 2–3**) Das Vorzeigestück tschechischer Architekten wurde am Zusammenfluß von Labe (Elbe) und Orlice (Adler) in der fruchtbaren Elbebene von König Přemysl Otakar I. im Jahre 1225 gegründet (Königgrätz, 100 000 Ew.). Auf dem Hauptplatz Velké náměstí harmonieren miteinander die stilreine frühgotische Kathedrale sv. Ducha (Heilig-Geist), das klassizistische Rathaus, der 68 m hohe Renaissanceturm Bílá věž mit der 10 t schweren Glocke Augustin und die barocke Kirche Panny Marie (Marienkirche) des berühmten Baumeisters Carlo Lurago. Nach

der Schlacht bei Königgrätz 1866 wurden alle Festungsanlagen entfernt, die Stadt wuchs nach modernen urbanen Konzepten von Prof. Jan Kotěra und wurde später als »Salon der Republik« bezeichnet. Kotěras im Jugendstil erbautes Museum (1909–12) wird als der repräsentativste Bau von Hradec angesehen. Es zeigt Dokumente zur Geschichte der Stadt. *Tgl. außer Mo 9–16 Uhr*

RESTAURANT UND HOTEL

Černigov
Zentral gelegenes Komforthotel, sehr gutes Restaurant, Disko und Nachtclub, *Riegrovo nám. 1494, 210 Zi., davon 1 behindertengerecht, 10 App., Tel. 049/581 41 11, Fax 329 98, Kategorie 2*

AUSKUNFT

CK ROS
V kopečku 82, Tel. 049/222 51, Mo, Mi und Fr 9–16, Di und Do 9–18 Uhr

ZIELE IN DER UMGEBUNG

Chlum-Schlacht bei Königgrätz (**L 2**)
Die Schlacht bei Königgrätz 1866 bescherte Preußen eine führende Stellung in Deutschland. Österreich, der übermächtige Favorit, scheiterte an seiner veralteten Militärstrategie. An die Schlacht, eine der großen und blutigen des 19. Jhs., erinnern bei Chlum (8 km NW) ein Museum, ein Ossarium, Gedenktafeln und Gräber.

Kuks (**L 2**)
★ Der schillernde Lebemann und moralische Wohltäter Franz

Anton Graf von Sporck machte aus diesem ostböhmischen Provinznest (Kukus, 500 Ew., 25 km N) Anfang des 18. Jhs. für kurze Zeit einen eleganten Kurort samt Schloß, Opernhaus und Badehäusern. Damit wollte er den renommierten westböhmischen Bädern das Publikum nehmen. Rauschende Feste, Opernabende und Parforcejagden lockten Badegäste aus nah und fern. Von den prächtigen Werken seines Baumeisters Giovanni Alliprandi und des meisterhaften Bildhauers Matthias Bernhard Braun sind noch erhalten: das Barockspital mit Apotheke, die Kirche und Barockstatuen der Tugenden, der Seligkeiten und der Laster. *Mai–Sept. tgl. außer Mo 9–18 Uhr, April u. Okt. nur Sa und So 9–16 Uhr*

Litomyšl (**M 4**)
Die Kleinstadt Leitomischl (10 000 Ew., 55 km SO) verzaubert mit ihrem außergewöhnlichen Flair. Den Mittelpunkt des Städtchens bildet der langgezogene Marktplatz mit wunderschön erhaltenen Laubenhäusern, die hübsche Restaurants und liebevoll eingerichtete Geschäfte beherbergen. In dem mit Sgraffiti geschmückten Renaissanceschloß gibt es ein bemerkenswertes Theater mit Originalkulissen aus der letzten Dekade des 18. Jhs. In der Schloßbrauerei gegenüber, wo Bedřich Smetana als Sohn eines reichen Braumeisters auf die Welt kam, erinnert ein kleines Museum an den Komponisten. Restaurant *U piarist ů*, gepflegtes Lokal mit sehr guter Küche, *Mariánská ulice 137, Tel. 0464/42 49, tgl. 10–2 Uhr, Kategorie 2*

KRKONOŠE

(**H–I 2**) ★ Die »grüne Lunge der Prager«. Rübezahls Riesengebirge entlang der Grenze zu Polen ist der älteste Nationalpark Tschechiens. Mit einer Durchschnittshöhe von rund 1200 m stellt es das größte und höchste Bergmassiv Böhmens dar, die Sněžka (Schneekoppe, 1602 m) den höchsten Gipfel. Die Kämme des Granitgebirges sind oberhalb von 1200 m kahl, darunter ziehen sich wellige, mit Fichten bewachsene Hänge sanft ins Tal hinab. Wasserfälle, Bergbäche und Flüsse, darunter die Elbe, die hier in einem Hochmoor entspringt, geben der Landschaft zusätzlichen Reiz. Typisch sind die »boudy« (Bauden), ursprünglich Almhütten, die heute Wanderern und Skifahrern mit einfacher bis komfortabler Ausstattung Kost und Logis bieten. Wer im Sommer zum Wandern kommt, sollte auf rasche Wetterumschwünge vorbereitet sein. Die Skisaison beginnt Mitte Dezember und endet zu Ostern.

ZIELE IN DER UMGEBUNG

Adršpašsko-Teplické skály (**M 1**)
★ Bizarre, von Felsen gebildete Brücken, Türme und Nadeln ragen in diesem Irrgarten mit einer Fläche von 30 qkm empor. Erosion und Witterung haben aus dem Sandsteinplateau im Laufe von Millionen von Jahren die »Felsenstädte« Adersbach und Teplice entstehen lassen. Bei der Namensfindung für die Felsgebilde waren der Phantasie keine Grenzen gesetzt: Smetana am Klavier, Zuckerhut, Hamburger,

NORD- UND OSTBÖHMEN

Typische Bauernhausarchitektur im Riesengebirge

Mumie, Tarzan, Lebkuchenfrau und Rübezahls Zahnstocher. Die beiden Felsenstädte können auf Rundgängen von vier bzw. sechs km Länge durchwandert werden.
✝ Viele der Felstürme stehen Kletterern zur Verfügung.

Harrachov (H 2)
Das Touristenzentrum (Harrachsdorf, 1670 Ew.) im westlichen Teil der Krkonoše auf 650 m Höhe inmitten tiefer Wälder ist zugleich das Eingangstor zum Nationalpark Riesengebirge. Im Jahre 1712 gründete Graf Harrach hier eine Glashütte, in der heute noch edles Kristallglas geschliffen wird. Schöne Exponate findet man im Glasmuseum mit Verkaufsstelle. Skifans bietet das beschauliche Skigebiet eine Handvoll Lifte und 30 km Langlaufloipen. Ein internationales Skispringen wird seit 1980 veranstaltet. *Auskunft: HIC,* in der Sommer- und Wintersaison *tgl. 9 bis 18 Uhr, Tel. 0432/52 96 24*

Pec pod Sněžkou (I 2)
Der beliebte Skiort (Petzer, 530 Ew.) in 750 m Höhe bietet ein Dutzend Lifte und 15 km Langlaufloipen. Pec ist Ausgangspunkt für ✪ viele Wanderungen. Eine der schönsten führt durch den Obří důl (Riesengrund) auf die im Winter weiß gepuderte Schneekoppe. Bequemer ist es mit der Seilbahn. *Hotel: Horizont,* Sporthotel mit Pool, Nightclub im 18. Stock, *131 Zi., Tel. 0439/ 96 21 21, Fax 96 23 78, Kategorie 2. Infoservis, Mo-Fr 9–16, Sa und So 10–14 Uhr, Tel. 0439/96 24 60*

Špindlerův Mlýn (I 2)
Im Herzen des Riesengebirges liegt das bekannteste Kur- und Sportzentrum, kurz Špindl (Spindlermühle, 1260 Ew.), auf 714–850 m Höhe in einem male-

rischen Tal der Oberelbe. Beliebte ✪ Ausflugsziele sind Labská bouda (Elbbaude) und Labský pramen (Elbquelle) auf 1386 m Höhe mit Wappen der 24 Städte, die der Fluß auf seinem 1154 km langen Weg durchfließt. In der Nähe rauscht der 45 m hohe Elbwasserfall. Skifahrern werden 16 Liftanlagen und gut präparierte Pisten im Ortsteil Svatý Petr angeboten. *Hotels: Harmony*, modernes und komfortables Sporthotel mit Squash, Sauna und Pool, das ursprünglich als Hotel für den Generalstab des Warschauer Paktes mit einem unterirdischen Atombunker geplant, jedoch erst 1990 fertiggestellt wurde. *103 Zi., eines behindertengerecht, Tel. 0438/96 91 11, Fax 937 67, Kategorie 1; Horal*, eines der neuesten Häuser in »Špindl« mit Hallenbad, *140 Zi., Tel. 0438/937 51, Fax 937 56, Kategorie 1*

LIBEREC

(G 2) Die größte Stadt Nordböhmens (Reichenberg, 101 000 Ew.) liegt an der Lužická Nisa (Lausitzer Neiße) und ist seit über 150 Jahren Zentrum der Glas- und Textilindustrie. Imposant erhebt sich das Neurenaissance-Rathaus (1888–93) des Wiener Architekten Franz Neumann am Hauptplatz. Orchideenfreunde kommen im Botanischen Garten auf ihre Kosten. *Tgl. außer Mo 8 bis 16 Uhr.* Bilder von böhmischen, französischen und niederländischen Malern aus dem 17.–20. Jh. zeigt die Kunstgalerie unweit des Schlosses. *Tgl. außer Mo 10 bis 18 Uhr.* In Jablonec lohnt sich ein Besuch des Glas- und Schmuckmuseums. *Tgl. außer Mo 10 bis 16 Uhr*

RESTAURANT

Radniční sklípek
Stimmungsvolles Restaurant mit Bierstube im Rathaus. *Tel. 048/237 33, tgl. 11–22 Uhr, Kategorie 2*

HOTELS

Praha
Jugendstilhotel neben dem Rathaus, gutes Restaurant und Café, *Železná 2, 33 Zi., Tel. 048/289 53, Fax 265 11, Kategorie 1*

Valdštejn
Neues Hotel am Stadtrand in Richtung Česká Lípa, *Růžodolská 74, 29 Zi., Tel. 048/42 44 63, Fax 42 44 66, Kategorie 2*

AUSKUNFT

Info
Nám. Dr. E. Beneše 15, Tel. 048/298 54, tgl. 9–18, Sa 9–14.30 Uhr

ZIELE IN DER UMGEBUNG

Burgschloß Frýdlant   **(G 1)**
Man nannte ihn auch »Friedländer«, den Günstling des Kaisers und Herzog von Friedland, Albrecht von Valdštejn (Wallenstein). Das großartig erhaltene Burgschloß Friedland (23 km N) war nur eine von den vielen Besitzungen des im Dreißigjährigen Krieg neureich gewordenen Wallenstein. Im Burgmuseum sind Werke böhmischer Barockmaler, wertvolle Waffen, Glas und Porzellan ausgestellt. Zu den am meisten bewunderten Familienportraits gehört das der schönen Josefina Clara Clam-Gallas, in die Ludwig van Beethoven verliebt gewesen sein soll. *April bis Okt. tgl. außer Mo 9–16 Uhr*

NORD- UND OSTBÖHMEN

Berg Ještěd (G 2)
Mit der Seilbahn kommt man auf den Gipfel des 1012 m hohen Bergs Jeschken, dem beliebten Ausflugziel 8 km von Liberec. ☼ Im 92 m hohen, ungewöhlichen Kegelturm befinden sich ein Restaurant, *(tgl. 8–22 Uhr)* und das *Hotel Ještěd (26 Zi., Tel. 048/340 21, Kategorie 2–3).* Langläufer finden auf dem Berg und im gesamten Gebiet des Jizerské hory (Isergebirge) gute Loipen. Wichtige Zentren des Tourismus im Isergebirge sind Josefův Důl, Bedřichov und Děsná (Josefsthal, Friedrichsdorf, Döschen).

LITOMĚŘICE

(E 3) Kegelförmige Gipfel des Böhmischen Mittelgebirges schützen die ehemalige Königsstadt gegen Nordwinde, im Süden blüht entlang der Elbe der fruchtbare »Garten Böhmens«. Seinen Reichtum verdankt Leitmeritz (27 000 Ew.) der günstigen Lage als Handelsstadt am wichtigen Wasserweg. Auf dem Marktplatz entstanden schöne gotische, Renaissance- und Barockhäuser. Der kelchförmige Turm auf dem Dach des Hauses Mrázovský dům (Kelchaus, 1584) ist das Wahrzeichen der Stadt und Symbol für das Hussitentum. Im Zuge der Rekatholisierung im 17. Jh. baute Giulio Broggio die dreischiffige Barockkathedrale sv. Štěpán (St. Stephan), darin Gemälde von Lucas Cranach und Karel Škréta. Beachtenswert ist auch die Kirche sv. Václav (hl. Wenzel) und das Renaissance-Rathaus. In der Severočeská galerie (Nordböhmische Galerie) wird eine einzigartige Sammlung naiver Kunst gezeigt, *Michalská 7.*

HOTELS

Schloßhotel Hubertus
Herrlich gelegen in Třebušín (10 km NO). Sehr gutes Restaurant, *14 Zi., das gesamte Parterre ist behindertengerecht. Tel./Fax 0416/95 35, Kategorie 2*

Roosevelt
Zentral und ruhig gelegen, *Rooseveltova 16, 32 Zi., Tel. 0416/58 45, Fax 80 62, Kategorie 2*

AUSKUNFT

Info RIS
Mírové nám . 26, Tel./Fax 0416/53 76, tgl. 9–18, Sa 8–11 Uhr

ZIELE IN DER UMGEBUNG

Schloß Duchcov **(D 2)**
Im Valdštejnschen ✣ Schloß Dux (35 km NW) lebte der italienische Abenteurer Giacomo Casanova 13 Jahre bis zu seinem Tod, arbeitete als Bibliothekar

Giacomo Casanova schrieb auf Schloß Dux seine erotischen Memoiren

Ski und Rodel gut im Adlergebirge

und schrieb seine berühmten erotischen Memoiren. Im Museum erinnert sein Schlaf- und Arbeitszimmer an den Frauenhelden. *April–Okt. tgl. außer Mo 9–18 Uhr*

Terezín (E 3)
Kaiser Joseph II. ließ 1780 eine Festung (2 km S) mit unterirdischen Gängen von insgesamt 29 km Länge bauen und benannte sie Theresienstadt nach seiner Mutter Maria Theresia. Traurige Berühmtheit erlangte Terezín im Zweiten Weltkrieg, als hier ein Ghetto errichtet wurde, das zunächst als Internierungs- und später als Durchgangslager für den Weitertransport von Juden benutzt wurde. In der Malá pevnost (Kleine Festung) war das Gestapogefängnis, in dem Hunderte von Gefangenen hingerichtet wurden, die letzten noch wenige Tage vor Kriegsende. Auf dem Friedhof liegen 29 172 Opfer begraben. Im Ghettomuseum werden Filme gezeigt, darunter ein Propagandafilm der Gestapo, mit dem der Weltöffentlichkeit vorgetäuscht werden sollte, wie »gemütlich« es doch im KZ sei. *Mai–Okt. tgl. 9–17 Uhr*

Třebenice (E 3)
Halbedelsteine, genauer: böhmische Granate, locken hierher in den 15 km SW gelegenen Ort mit einem sehenswerten Edelsteinmuseum.

ORLICKÉ HORY

(M-N 2-3) Der zusammenhängende Kamm des Orlické hory (Adlergebirge) mit der höchsten Erhebung Velká Deštná (1115 m) zieht sich auf einer Länge von 30 km entlang der Grenze zwischen Böhmen und Polen. Im Sommer wird auf der ✝ 55 km langen Gebirgskammtour Jirás-

NORD- UND OSTBÖHMEN

kova cesta gewandert, im Winter in der Nähe der Orte Deštné und Říčky Ski gefahren. Im Gebirgsvorland findet man noch schöne alte Bauernhäuser.

ZIELE IN DER UMGEBUNG

Náchod (M 2)

Oberhalb der Stadt Náchod (20 000 Ew.) wurde der alte Handelsweg zwischen Krakau und Prag seit dem 13. Jh. von der frühgotischen Burg gleichen Namens gesichert. Ottavio Piccolomini bekam das prächtige Renaissanceschloß. Bescheiden wie er war, ließ er den von ihm errichteten imposanten Spanischen Saal mit der Deckenfreske »Triumphaler Einzug des Ottavio Piccolomini in den Olymp des Kriegsruhms« schmücken. Ein sicheres Auge bewies er beim Kauf von zwei Serien wertvoller Gobelins in Brüssel. Oberhalb von Náchod auf dem Berg Dobrošov (624 m, 2 km SO) können Teile der Befestigung der ✪ 1935–38 errichteten tschechischen »Maginot Linie« besichtigt werden. Im Museum wird ein Film über die Geschichte der Festung vorgeführt. *April–Okt. 10–12 und 13.30–16, Mai–Sept. bis 18 Uhr*

Nové Město nad Metují (M 2)

★ Das auf einem Felsvorsprung über dem Fluß Metuje gelegene Städtchen (Neustadt an der Mettau, 10 000 Ew.) bezaubert durch seinen von schönen Renaissancehäusern mit Laubengängen und Giebelfronten umsäumten rechteckigen Marktplatz. Der Architekt Dušan Jurkovič baute 1909–11 das Innere des Schlosses im reinsten Jugendstil um. »Wonne« und »Hölle«

werden die beliebten Ausflugsziele um Nové Město genannt: Das erste ist der 10 qkm große Stausee Rozkoš, das zweite das romantische Tal Peklo entlang der Metuje.

Schloß Opočno (M 2)

Das von einem ausgedehnten Park umgebene Renaissanceschloß mit drei zweistöckigen Flügeln und offenen Arkadengängen in der Nähe von Opočno (3000 Ew.) baute Vilém Trčka aus Lípa. Die umfangreiche Kollektion historischer Waffen und Jagdtrophäen umfaßt außergewöhnliche Exponate. Das traditionelle Treffen der ✪ Falkner findet am zweiten Wochenende im Oktober statt.

Schloß Ratibořice (M 2)

Die Schlösser Ratibořice und Náchod waren früher im Besitz der exzentrischen Fürstin Kateřina Vilemína Zahánská, einer nahen Freundin des österreichischen Außenministers Fürst Metternich. Ob die Dame nach dem Motto »cherchez la femme« die Finger im Spiel hatte, als der Fürst 1813 just hier und im Schloß Opočno Anti-Napoleon-Konferenzen mit dem russischen Zaren und dem preußischen König veranstaltete, ist nicht bekannt. Die Fürstin taucht im Werk der für die neuere tschechische Literatur bedeutenden Schriftstellerin Božena Němcová (1820–62) auf, deren Roman »Babička« (»Großmütterchen«) in viele Sprachen übersetzt wurde. Die Handlung spielt im bezaubernden *Babiččino údolí* (Großmuttertal), durch das heute ein ⚡ Lehrpfad von Česká Skalice aus führt.

MÄHREN

Im Osten viel Schönes

Lassen Sie sich von der Fröhlichkeit der Mährer anstecken!

Als liebenswürdig werden die Mährer in unzähligen, gefühlvollen Liedern besungen. Ihr Land im östlichen Teil der Tschechischen Republik, das sie zärtlich »Moravěnka« nennen, ist ein Geheimtip für Wanderer und Radfahrer. Im industrialisierten Norden findet man in den bisher touristisch wenig erschlossenen Gebirgen Jeseníky und Beskydy schöne Wanderziele. Haná, die mährische Kornkammer um die Stadt Olomouc, liegt im Herzen Mährens. Die fruchtbare Schwarzerde, von der es heißt, sie sei so fett, daß man sie sich aufs Brot streichen könne, bestellen gut genährte, gutmütige und gemächliche Hanaken. Sogar die Flüsse fließen langsamer in der Haná. Südlich der angenehm hektikfreien Großstadt Brno wird der beste Wein Tschechiens angebaut und Folklore großgeschrieben: die Häuser sind volkstümlich bemalt, die Lieder fröhlich und sonntags werden vielerorts noch bunte Volkstrachten getragen.

Schloß Eisgrub in Lednice: von Blumenteppichen und Teichen umgeben

BRNO

(K 9) Die gemütliche Hauptstadt Mährens (Brünn, 400 000 Ew.) ist die zweitgrößte Stadt Tschechiens und wichtiges Industrie- und Handelszentrum. Zahlreiche internationale Messen, darunter die ✹ »Brünner Messe« für Maschinenbau (3. Septemberwoche), und der jährlich stattfindende ⚐ Motorrad-Grand-Prix (3. August-Wochenende) locken viele Besucher an. In den stillen Gäßchen der Altstadt sind noch viele Bauten und Denkmäler erhalten. Über der Stadt liegt die mächtige ⚐ Burg Špilberk (Spielberg, *tgl. außer Mo 9–17 Uhr*) aus dem 13. Jh., später zu einer barocken Festung umgebaut. Unterirdische Kasematten dienten schon den Habsburgern als Zuchthaus, im Zeiten Weltkrieg wurden hier Nazigegner gefangengehalten. Burg Špilberk widersetzte sich im Laufe ihrer Geschichte allen Feinden, bis auf Napoleon, dem sie kampflos erlag. Die Schweden dagegen mußten im Dreißigjährigen Krieg eine Schlappe hinnehmen. Nachdem sie Brünn schon 112 Tage belagert hatten, beschlossen sie eines Tages im Jahre 1645, die Stadt vor dem

MARCO POLO TIPS FÜR MÄHREN

1 Telč
Für diesen unvergeßlichen Marktplatz sollten Sie einen neuen Film in ihre Kamera einlegen, er wird garantiert voll! (Seite 87f.)

2 Moravský kras
Eine der herrlichen Karstgebiete Europas (Seite 85)

3 Lednice
Neugotisches Schloß inmitten eines Landschaftsparks (Seite 82)

4 Olomouc
Vollständig unter Denkmalschutz steht die Perle der Haná (Seite 85f.)

Mittag einzunehmen oder endgültig abzuziehen. Aber die cleveren Brünner kamen dahinter und ließen die Glocken des Doms um eine Stunde früher zu Mittag läuten. Die List gelang, und noch heute täuschen die Glocken nicht nur schwedische, sondern alle Besucher der mährischen Metropole.

BESICHTIGUNGEN

Dóm na Petrově

Der gotische, später im Barockstil umgebaute Petersdom aus dem 15. Jh. ist von weitem an seinen zwei spitzen Türmen von 1904/05 zu erkennen. Im Inneren sind das gotische Netzgewölbe, eine wertvolle Skulptur der Madonna mit Kind und der Altar sehenswert.

Klášter Kapucínů

Zu den besonderen Attraktionen des Kapuzinerklosters zählen die Mumien von 150 angesehenen Bürgern Brünns. Unter ihnen ist auch der Pandurenoberst Franz Freiherr von Trenck, jedoch mit einem physischen Defekt: jemand soll seinen Kopf ausgetauscht haben. *Kápucinské Nam.,*

Di–Sa 9–12, 14–16.30, So 11 bis 11.45 und 14–16.30 Uhr

Mendelianum

Johann Georg Mendel (1822–84) züchtete im Garten des Augustinerklosters die Erbsen und Bohnen für seine Experimente. Ein Jugendstil-Denkmal aus dem Jahre 1910 erinnert an den Vererbungsforscher. *Mendlovo Nam. 1*

Moravské Museum

Das Mährische Museum zeigt eine wertvolle Sammlung aus der Zeit des Großmährischen Reiches (830–907) und die 25 000 Jahre alte Venus von Věstonice (Wisternitz). *Zelný trh, tgl. außer Mo 9–17 Uhr*

Stará Radnice

Das schöne Fialenportal des Alten Rathauses schmückte Anton Pilgrim (1510). Es heißt, er habe eines der Türmchen schief gebaut, weil die Ratsherren ihm nicht den vereinbarten Lohn bezahlten. Im Durchgang hängen zwei legendenumwobene Kuriositäten: der »Brünner Drachen«, eigentlich ein Krokodil, und ein Wagenrad. Jiří Birk aus Lednice schloß die kühne Wette ab, daß

MÄHREN

er innerhalb eines Tages einen Baum fällen, daraus ein Rad bauen und es rollend 40 km nach Brünn befördern würde. Seine Wette gewann er. Das war anno 1636. *Radnická 8*

Villa Tugendhat

⊕ ⚲ Der Architekt und damalige Direktor des Bauhauses , Ludwig Mies van der Rohe, baute das elegante Haus 1930–32. Offene Anlage und »fließende« Räume waren sein Gestaltungsprinzip; großzügig ist der Hauptwohnraum mit 235 qm. Die Tugendhats mußten 1938 vor den Nazis fliehen; ihre Villa dient heute Repräsentationszwecken. *Černopolní 45; Mi, Sa, So 10–18 Uhr*

RESTAURANTS

Biskupská vinárna
Kleine Weinstube im alten Stil mit einer guten Weinauswahl. *Bikupská 6, tgl. 12–16 und 18 bis 23 Uhr, Kategorie 2*

Café Bellevue
⊕ Traditionsreiches Künstlercafé, das Leoš Janáček und Karel Čapek zu seinen Gästen zählte. *Moravské nám. 7, tgl. 11–15 und 18 bis 24 Uhr, Kategorie 2*

HOTELS

Boby
Neues Luxushotel mit Nightclub und Disko mit Live-Musik. *Sportovní 2a, 140 Zi., 2 Zi. behindertengerecht, Tel. 05/727 21 11, Fax 727 21 03, Kategorie 1*

Continental
Komforthotel unweit der Stadtmitte. *Kounicova 6, 210 Zi., Tel. 05/41 32 13 13, Kategorie 1–2*

Slavia
Muße und Entspannung versprechendes Jugendstilhotel am Rande der Fußgängerzone. *Solniční 15/17, 82 Zi., 2 Zi. behindertengerecht, Tel. 05/42 32 12 49, Fax 42 21 17 69, Kategorie 2*

Voroněž
Ruhiges Business-Hotel in der Nähe des Messegeländes. *Křížovského 47, 481 Zi., 1 Zi. behindertengerecht. Tel. 05/43 14 11 11, Fax 43 21 20 02, Kategorie 1*

AM ABEND

Boby Centrum
⚲ La Grotta Disco, Roller Skating, Laser Show und mehrere Bars neben gleichnamigem Hotel. *Sportovní 2a*

Interclub
Im Hotel International mit Live-Musik und Unterhaltungsprogramm, *tgl. 21–3 Uhr, Husova 16*

Janáček Theater
⊕ Das beste Ballett- und Opernhaus in Tschechien wurde nach Leoš Janáček benannt, der in Brno lange Zeit als Dirigent tätig war. *Rooseveltova ulice*

U královny Elišky
In der Weinstube im Klosterkeller wird stilvoll und genüßlich gespeist. Zimbalmusik live und historisches Fechten, *Di–Sa 19 bis 2 Uhr, an Messetagen auch So und Mo, Mendlovo nám., Tel. 05/43 21 25 78, Kategorie 1*

AUSKUNFT

Info
Radnická 8, Tel. 05/42 21 10 90, tgl. 8–18 Uhr, Sa. u. So. 9–17 Uhr

Burg Pernštejn ist ein beliebtes Ausflugsziel der Brünner

ZIELE IN DER UMGEBUNG

Moravský Krumlov (19)
In der Schloßkapelle von Moravský Krumlov (30 km SW) sind 20 monumentale Gemälde (bis 8,5 m mal 6,5 m) ausgestellt, die bedeutende Ereignisse aus der Geschichte der Slawen meisterhaft darstellen. Gemalt wurde der Bildzyklus »Das Slawische Epos« (1911–28) vom weltberühmten Mitbegründer des »Art noveau« und Maler der koketten Pariser Demoiselles, Alfons Mucha.

Burg Pernštejn (18)
Die mächtige, guterhaltene Burg (40 km NW) des einflußreichen katholischen Adelsgeschlechts der Pernštejner könnte ebensogut an der Loire stehen. Der große Rittersaal, die Waffenkammer und eine Gemäldegalerie sind am interessantesten. *April bis Okt. 9–12 und 13–15, in der Saison bis 17 Uhr*

Slavkov-Austerlitz (L 9)
Eine der großen Schlachten der napoleonischen Kriege ereignete sich am 2. Dezember 1805 in der Nähe von Brünn. Napoleon besiegte hier die Verbündeten Österreich und Rußland in der sogenannten »Dreikaiserschlacht«. Auf der am meisten umkämpften Anhöhe in der Nähe des Dorfes Prace, wo 40 000 Mann fielen, wurde im Jugendstil ein 26 m hohes ✥ Friedensdenkmal (Mohyla míru) mit einer Kapelle und einem Museum errichtet. Im Schloß von Slavkov befindet sich ein Napoleonmuseum. *Mai–Sept. tgl. au-*

MÄHREN

ßer Mo 8–12, 13–17 Uhr; Okt. bis April tgl. außer Mo 8.30–15.30 Uhr.

Anfang Dezember findet alljährlich ein dreitägiges »Dreikaiserschlachtfest« auf dem Berg Žuráň statt. Über tausend aktive Teilnehmer aus ganz Europa stellen in kaiserlichen Uniformen das einstige Schlachtgetümmel nach.

Wallfahrtsort Velehrad   **(M 9)**

Das 1205 erbaute Zisterzienserkloster (57 km O) gehört zu den bedeutenden Wallfahrtsorten Mährens und wurde Ende des 18. Jhs. im Barockstil umgebaut. Man vermutet, daß die Slawenapostel, die Heiligen Kyrill und Method, im 9. Jh. von hier aus das Großmährische Reich christianisierten. Alljährlich am 5. Juli findet eine ✪ farbenfrohe Wallfahrt statt, die in den letzten Jahren des Kommunismus trotz massivem Polizeiaufgebot mit Demonstrationen endete.

BESKYDY

(R–S 4–5) Das zu 60 Prozent bewaldete Gebirge Beskiden prägen die riesigen Schafweiden und die reizvolle Volksarchitektur der Ende des 15. Jhs. eingewanderten Schafhirten aus der rumänischen Walachei. Der höchste Berg 🔅 Lysá hora (1323 m) ist nicht der bekannteste; die meisten Sommer- und Winterbesucher verzeichnet der Berg 🔅 Radhošť (1129 m) mit der Statue des slawischen Heidengottes Radegast. Von beiden Bergen bietet sich eine überwältigende Sicht. Etwa eine Stunde dauert die Wanderung vom Radhošť in östlicher Richtung zum Berg Pustevny und den volkstümlichen Bauden Maměnka und Libušín.

ZIEL IN DER UMGEBUNG

Rožnov pod Radhoštěm   **(R 5)**

Wer die am Fuße des Berges Radhošť gelegene Stadt (Rosenau, 20 000 Ew.) besucht, kommt vor allem, um das eindrucksvolle Walachische Freilichtmuseum zu sehen. Vor siebzig Jahren wurde es mit einigen walachischen Holzhäusern eröffnet, heute gilt das Museum als das älteste und größte seiner Art in Mitteleuropa. Die Mühle, die Schmiede und das Sägewerk arbeiten mit Originalwerkzeugen wie in alten Zeiten. Die Kirche, das ehemalige Rathaus von Rožnov, an die 90 Häuser und das beliebte Wirtshaus »Zum letzten Groschen« mit walachischen Spezialitäten vermitteln die Atmosphäre von anno dazumal. *Tgl. 9–17.30 Uhr.* Im scheunenähnlichen Amphitheater finden Folkloreveranstaltungen der temperamentvollen Walachen statt. Unterkunft: *Hotel Eroplan, Tel. 0651/556 36, Kategorie 2*

JESENÍKY

(O–P 2–3) Das Altvatergebirge erstreckt sich vom Nordwesten Mährens bis an die Grenze zu Polen und wird in Hrubý und Nízký Jeseník unterteilt. Sein früherer Beiname »das vergessene Gebirge« gilt für das Naturschutzgebiet von 740 qkm Fläche seit vielen Jahren nicht mehr. Tiefe Täler und fischreiche Wildbäche durchschneiden die abgerundeten, bewaldeten Hügel. Jeseníky ist das Ziel vieler Sommerurlauber, die im gesamten Gebiet gut markierte Wanderwege vorfinden und von

Ramzová aus zu einer Kammtour von 40 km Länge starten können. Wintersportlern gefallen die Skigebiete um den höchsten ❄ Berg, den Praděd (Altvater, 1492 m), der von November bis April mit Schnee bedeckt ist. Unterkunft in Velké Losiny bei Šumperk: *Hotel Diana,* Sauna, Schwimmbad, Tennis, *55 Zi., Tel./Fax 0649/94 92 98, Kategorie 2*

ZIEL IN DER UMGEBUNG

Jeseník (O 2)
Der »Wasserheildoktor« Vinzenz Prießnitz errichtete 1831 in Gräfenberg (15 000 Ew.) eine Badeanstalt und nutzte seine Kaltwassertherapie zur Heilung von Nerven- und Stoffwechselkrankheiten. Im benachbarten Lipoválázně kurierte sein Zeitgenosse, der »Semmeldoktor« Johann Schroth, Übergewicht mit Hilfe einer strengen Diät aus »nahrhaften«, trockenen Brötchen und reichlich mährischem Wein. Beide Methoden werden heute noch mit Erfolg angewandt. Unterkünfte: *Hotel Jeseník, 25 Zi., Tel. 0645/32 91; Hotel Morava, 26 Zi., Tel. 0645/28 33, beide Kategorie 3*

AUSKUNFT

MIC
79001 Jeseník, Masarykovo nám. 157, Tel. 0645/31 97, Mo–Fr 9 bis 17 Uhr

LEDNICE

(L 10) ★ Lednice muß ein Dichter erfunden haben: Das prachtvolle Schloß Eisgrub, umgeben von romantischen Lustschlössern, kleinen Burgen und Tempeln, ist eingebettet in einen herrlichen Park aus Blumenteppichen, kleinen Wäldern und Teichen. Das neugotische Schloß im Tudorstil

Volksfest im traditionsbewußten Strážnice

MÄHREN

inmitten eines der großen Landschaftsparks Europas an den Flußarmen der Dyje (Thaya) gehört zu den besonders zahlreich besuchten Schlössern Tschechiens. Wertvolles Mobiliar, eine Porzellan- und Waffensammlung, die hölzerne Spindeltreppe und der Türkissalon zeugen vom guten Geschmack der Fürstenfamilie Liechtenstein. Der Fürst selbst hatte Sinn für Humor: Als die Stadträte von Lednice ihm einen Kirchenbau untersagten, ließ er »für diese Heiden« ein 60 m hohes Minarett errichten. Das kuriose Sommerschlößchen Janův hrad wurde 1806 als Burgruine im gotischen Stil gebaut. *April–Okt. tgl. außer Mo 8–12 und 13–16 Uhr*

HOTELS

Harlekin
Neues Hotel, 200 m vom Schloßpark mit Restaurant, *50 Zi., davon 2 behindertengerecht. Tel./Fax 0627/983 11, Kategorie 2*

Mario
Nettes Hotel mit gutem Restaurant, *ul. 21. dubna 73, 10 Zi., Tel./Fax 0627/983 96, Kategorie 2*

AUSKUNFT

Reisebüro Harlekin
Im Hotel Harlekin, *Tel. 0627/ 983 18, Fax 0627/984 34*

ZIELE IN DER UMGEUNG

Mikulčice   (L 10)
Die wichtigste archäologische Fundstätte Tschechiens und eine der bedeutenden in Europa war vermutlich die Hauptstadt des Großmährischen Reiches (830

bis 907), 25 km O. Ausgegraben wurden ein Fürstensitz, Reste einer Stadt mit 12 Kirchen, außerdem Schmuck, Kleidung und vieles mehr. Museum *April–Okt. tgl. außer Mo 9–16 Uhr*

Strážnice   (M 10)
Ein Augen- und Ohrenschmaus für Volksmusikfans ist das ◉ Tanz- und Liederfestival am letzten Juniwochenende, dort, wo Mähren noch am ursprünglichsten ist: in Strážnice (Straßnitz, 6000 Ew., 40 km O). In den umliegenden Dörfern sind die weiß getünchten Häuser mit Folklore-Motiven bemalt, wird noch Volkstracht getragen und nach alten Bräuchen gelebt. Gute mährische Weine kann man in den Weinkellern von Čejč, Čejkovice und Bzenec probieren. Malerisch sind die Weinkeller Plže am Rande des kleinen Winzerdorfes Petrov in Erdhügeln, die seit mehr als 200 Jahren für optimale Lager- und Trinktemperatur sorgen. Restaurant in Strážnice: *Skanzen, tgl. 10–24 Uhr, Fr und Sa* sorgt Live-Volksmusik für Stimmung, *Tel. 0631/33 21 73.* Unterkunft: *Hotel Flag,* Restaurant mit Wildspezialitäten, Nightclub, *Předměstí 3, 55 Zi., Tel. 0631/33 20 59, Fax 33 20 99, Kategorie 2*

Schloß Valtice   (L 10)
Im Sommer in Lednice, im Winter in Valtice (Felsgrub): die Liechtensteiner konnten es sich aussuchen, wo sie residieren wollten. Prächtig ausgeschmückt sind die Innenräume des Schlosses mit aufwendigen Wand- und Deckenmalereien, Stuckverzierungen und Plastiken. Berühmt ist der Burgwein, der im »Kreuz-

keller« reift. Unterkunft: *Hotel Hubertus* im Schloß mit Restaurant, *Tel. 0627/945 37, Kategorie 2–3. Hotel Apollon, Bezručkova ul. 720, 15 Zi., Tel. 0627/946 25, Kategorie 2*

MIKULOV

(**K 10**) Wenn von Mikulov (Nikolsburg, 7500 Ew.) die Rede ist, denkt man an mährischen Wein. Schon Marcus Aurelius ließ seine römische Legion auf den fruchtbaren Kalksteinhügeln um Mikulov Reben pflanzen. Die Grafen Dietrichstein bauten den reizvollen Winzerort im 16. Jh. um. Steuern zahlte man damals auch in Form von Naturalien: Weinbauern mußten einen Teil ihrer Ernte abliefern. Ein Riesenfaß von 101 000 l Inhalt steht heute im Weinbaumuseum der Schloßkellerei. *April–Okt. tgl. außer Mo 9–17 Uhr.* Als zweitgrößte jüdische Gemeinde nach Prag wurde Mikulov Sitz des mährischen Landesrabbiners. Auf dem jüdischen Friedhof mit 2500 Grabmälern datiert das älteste aus dem Jahre 1605. Über dem Marktplatz mit der Dietrichsteinschen Gruft und der Pestsäule (1732) erhebt sich der ◊◊ Hügel Svatý kopeček (Hl. Berg) mit der schneeweißen Kirche sv. Šebastián, zu der ein Kreuzweg an Kapellen vorbei führt.

RESTAURANT

U nás doma u Moravců
Mährische und internationale Spezialitäten in stilvoll eingerichteter Weinstube. *Tgl. 11 bis 22 Uhr, ul. 1. května 577, Tel. 0625/ 23 38, Kategorie 3*

HOTEL

Rohatý krokodýl
Familiäres Hotel 200 m vom Stadtzentrum mit Restaurant und Weinarchiv, *Husova 8, 16 Zi., Tel. 0625/26 92, Kategorie 2*

AM ABEND

In den gemütlichen Weinstuben im Zentrum herrscht originelle Stimmung bei Weinproben mit Zimbalmusik. Das Hackbrett ist typisch für diese Region.

AUSKUNFT

RTC Adonis
Organisiert Besichtigungen, Weinproben und Abende mit Volksmusik. *Náměstí 32, Tel./Fax 0625/ 28 55, tgl. 9–18 Uhr*

ZIELE IN DER UMGEBUNG

Dolní Věstonice   (K 10)
Für Mammutjäger war sie ein Symbol der Schönheit und Fruchtbarkeit, die weltberühmte Venus von Věstonice (Wisternitz, 10 km N). Eine Kopie der üppigen Schönen sowie Tierplastiken werden im archäologischen Museum im Ort gezeigt. *Mai–Okt. tgl. außer Mo 8–12 und 13–16 Uhr*

Pálava   (K 10)
Schneeweiße Kalksteinfelsen, grüne Auwälder, Weinberge, Seen und eine große Vielfalt seltener Pflanzen und Tiere – die Naturschönheiten des Biosphärenreservates Pálava (Pollauer Berge) rund um Mikulov entdeckt man am besten auf Wanderungen oder Radtouren. Im Ort Pavlov am Fuße des ◊◊ Berges Děvín (550 m, 8 km N von Mikulov) mit

MÄHREN

schönen Häusern im Bauernbarock beginnt ein Naturlehrpfad. Ein beliebter Erholungsort am Nordufer des Sees Nové Mlýny ist ⚓ Pasohlávky mit schönem Sandstrand. Außer Baden kann man Windsurfen und Sportfischen. Tradition und Folklore wird im typisch mährischen Dorf ✿ Lanžhot gepflegt. Nicht versäumen: Kirmes und Weinfeste in den Herbstmonaten!

MORAVSKÝ KRAS

(K 8) ★ Schluchten, Canyons, unterirdische Flüsse, Grotten und Höhlen – das einzigartige und unvergeßliche Kalk-Labyrinth Mährischer Karst gilt als das größte (100 qkm) und schönste Karstgebiet Tschechiens. Über die Stadt Blansko gelangt man zum Ausgangspunkt Skalní mlýn mit Infostand und Parkplatz. Von hier aus kann man sich mit einer Kleinbahn zu den weltbekannten Punkevní jeskyně (Punkva-Höhlen) bringen lassen. Seit 1995 verbindet eine Seilbahn die Höhlen mit dem oberen Rand der Schlucht Macochna (Stiefmutter). In der mächtigen, fast senkrechten, 138 m tiefen Schlucht kann man von ✌ zwei Brücken aus bis zu zwei türkisfarbene Seen sehen. Den Grund der Schlucht erreicht man über eine Treppe durch die Punkva-Höhlen. Ein Erlebnis besonderer Art ist die Bootsfahrt auf dem unterirdischen Fluß gleichen Namens unter Felsgewölben hindurch, vorbei an natürlichen Domen und Tropfsteinsäulen. Andere zugängliche Grotten des Mährischen Karstes mit weitverzweigten Gängen, mit Domen und märchenhaftem Tropfsteinschmuck, heißen Balcarka, Ka-

Barock in Olomouc –
Die Dreifaltigkeitssäule

teřinská und Sloupsko-Šošůvská. Die Höhlen sind *tgl. 8–15.30 Uhr* geöffnet. Unterkunft: *Hotel Skalní mlýn, 32 Zi., Tel. 0506/60 41, Kategorie 2*

OLOMOUC

(O–P 4–5) ★ Majestätisch in ihren Dimensionen und großzügig im Detail wirkt die ehemalige Hauptstadt Mährens Olomouc (Olmütz, 110 000 Ew.). Der Wiener Hof flüchtete vor der Revolution 1848 hierher und krönte den 18jährigen Franz Joseph I. zum Kaiser. Die Wiener kamen und gingen. Geistliche Herren der Stadt waren und blieben seit 1063 die Bischöfe und später die Erzbischöfe in ihrer Hauskirche, dem Dóm sv. Václava (Wenzelsdom), der am Ende des 19. Jhs. regotisiert wurde. An der Stelle der Sakristei befinden sich die Reste eines um 1140 erbauten romanischen Přemyslidenpalastes, in dem der König von Böhmen, Polen und Ungarn, der sechzehnjährige Václav III., 1306 ermordet wurde. Mit ihm starb der letzte männliche Přemyslide aus jener mächtigen Dynastie, die 600 Jahre geherrscht hatte. Olomouc ist heute eine bauhistorische Perle inmitten der fruchtbaren Haná und ein Zentrum der Nahrungsmittelindustrie. Das berühmteste Produkt sind die Käsebällchen »Olmützer Quargeln«, über deren intensiven Duft der Dichter Vitězslav Nezval schrieb: »Ich roch sie bevor ich sie sah.«

BESICHTIGUNGEN

Auf dem Hauptplatz Horní náměstí mit Barock- und Renaissancepalästen trifft man sich vor der 35 m hohen Dreifaltigkeitssäule (1716–54), um zu Mittag das Schauspiel der astronomischen Uhr am benachbarten Rathaus zu beobachten. In der Stadt plätschern insgesamt sechs Brunnen mit antiken Motiven: Während dem Pferd unter Cäsar das Wasser aus dem Maul spritzt, duscht sich Jupiter mit einem Bündel Blitze. Im weiträumigen Inneren der gotischen Kirche Kostel sv. Mořice (St. Mauritius) ertönen die 10 400 Pfeifen einer der großen Barockorgeln Mitteleuropas. Rund fünfzig italienische Gemälde aus dem 14.–18. Jh. (Veronese, Sebastian del Piombos berühmte »Madonna«) zeigt die *Galerie Muzeum umění, Denisova ul. 47.*

RESTAURANT

Michalský výpad
Mährische und thailändische Küche im 150 Jahre alten Lokal.

Blažejské nám. 10, Tel. 068/ 522 25 63, tgl. 10–22 Uhr, Kategorie 2

HOTELS

Gemo
Nach ökologischen Gesichtspunkten exklusiv ausgestattet und von mährischen Künstlern dekoriert, ein Katzensprung vom Hauptplatz. *Pavelčákova 22, 33 Zi., Tel. 068/522 20 65, 522 21 15, Fax 286 25, Kategorie 1*

Národní dům
Stilgerecht renovierter Altbau im Zentrum mit *55 Zi.,* und Casino. *8. května 21, Tel. 068/522 48 06, Fax 522 48 08, Kategorie 2*

AM ABEND

◉ Sehr gut ist das *Mährische Theater* mit Oper, Operette, Schauspiel und Ballett und die international gefeierte *Mährische Philharmonie*, beide Horní náměstí. Im *Casino* des *Hotels Narodní dům* kann man sein Geld loswerden.

AUSKUNFT

Úřad města
Horní náměstí 1, Tel. 068/551 33 13, Fax 522 47 88

ZIELE IN DER UMGEBUNG

Burg Bouzov   (O 4)
Die Fallbrücke ist herabgelassen, das Burgtor offen und das von einem Drachen verfolgte Prinzenpaar eilt hoch zu Roß in die schützende Burg: Kinder- und Ritterfilmen bietet die märchenhafte Burg Bouzov (Busau, 30 km NW) eine ideale Kulisse. Der Deutsche Orden erwarb die Burg

MÄHREN

1696 und ließ sie vor einhundert Jahren »mittelalterlich« umbauen und mit 18 Türmen und Türmchen verzieren. *Mai-Sept. tgl. außer Mo 9–16 Uhr, April und Okt. nur am Wochenende.* Unweit der Burg befinden sich das Tropfsteinhöhlen-Labyrinth Mladečské jeskyně, wo Spuren auf eine vorsteinzeitliche Besiedlung hinweisen, und die Grotten Javořičské jeskyně mit Stalagmiten und Stalagtiten von riesenhaften Ausmaßen.

Kroměříž   (P 6)

Die kleine Residenzstadt Kremsier (29 000 Ew.) der Olmützer Bischöfe und Erzbischöfe (35 km SO) galt im letzten Jh. als Zentrum des Kulturlebens und Schulwesens; sie wurde »hanakisches Athen« genannt. Das Barockschloß (1664–95) beherbergt eine bedeutende Gemäldegalerie (Tizian, Veronese, Brueghel), eine umfangreiche Bibliothek und ein Musikarchiv. Im Reichstagssaal, wo 1848 das konstituierende Parlament der k.u.k. Monarchie bis zur gewaltsamen Auflösung im darauffolgenden Jahr tagte, drehte Miloš Forman Szenen zum Film »Amadeus«. Der Park Květná zahrada mit einer 223 m langen Kolonnade, einem Irrgarten, Grotten und Pavillons lädt zu schönen Spaziergängen ein.

Svatý Kopeček   (P 4)

Die wertvollen Stukkatur- und Skulpturarbeiten in der monumentalen Marienkirche des Wallfahrtsortes Heiligenberg (8 km NO) konnte der Papst bei seinem Besuch 1995 bewundern. Von der 412 m hohen Anhöhe hat man eine ❧ weitreichende Aussicht auf die Hana.

Šternberk   (P 4)

Im ursprünglich gotischen Schloß (16 km N) ist eine Ausstellung tschechischer Gotik und ein Uhrenmuseum mit 300, z. T. seltenen Exemplaren untergebracht. Seit über neunzig Jahren wird in Šternberk (17 000 Ew.) alljährlich im Juni das ⚵ Off-road-Autorennen Ecce Homo veranstaltet.

Zlín   (Q 6)

Am Anfang standen Schuhe: Vor hundert Jahren arbeitete der Schuster Tomáš Bat'a im armen Walachenland noch auf Knien. 1932 war Bat'as Schuhfabrik weltweit die größte ihrer Art, in der 23 000 Arbeiter täglich 176 000 Schuhpaare herstellten. Bat'a-Schuhe wurden über die Grenzen hinaus produziert und getragen. Spitzenarchitekten bauten ziegelrote Werksgebäude, einen Flughafen, ein Theater und komfortable Häuser für die Angestellten. Heute heißen die Fabriken *Svit,* und die Stadt Zlín (85 000 Ew., 60 km SO) bietet neben einem originellen Schuhmuseum auch eine hervorragende Kunstgalerie und Philharmonie. Unterkunft: *Parkhotel Všemina* (15 km NO), am See, *76315 Všemina, 100 Zi., Tel./Fax 067/947 44, Kategorie 2*

TELČ

(G 9) ★ Wie eine Seerose eingebettet zwischen drei Teichen liegt das märchenhafte Städtchen Teltsch (7000 Ew.), ein architektonisches Kleinod, das zu versäumen fast eine Sünde wäre. Auf dem malerischen Marktplatz in Form eines langgezogenen Dreiecks scheint die Zeit vor 400 Jahren stehengeblieben zu sein,

Giebelhäuser säumen den Marktplatz des märchenhaften Städtchens Telč

denn so alt sind die zauberhaften Renaissancehäuser mit durchgehenden Laubengängen und verspielten Barockgiebeln. Das Mekka für Fotografen und Architekturliebhaber wurde in die Unesco-Liste der Weltkulturdenkmäler aufgenommen. Nach seiner Italienreise ließ der steinreiche Weltmann Zachariáš von Hradec seine Burg in ein prunkvolles Renaissanceschloß umbauen. *April–Okt. tgl. außer Mo 8 bis 12 und 13–17 Uhr.* Beeindruckend sind der Goldene Saal mit vergoldeter Kassettendecke, der Marmorsaal und der Rittersaal. Ein weiterer Besitzer des Schlosses war der aus dem 2. Prager Fenstersturz bekannte Graf Vilém Slavata. Auf einem eindrucksvollen Dokumentarbild ist er zusammen mit Graf Martinic zu sehen. Beide segeln mit weit ausgebreiteten Armen herab, erwartet von rettenden Engeln unter der Jungfrau Maria. Die Realität war anders: Gerettet wurden sie vom burgeigenen Misthaufen.

HOTELS

Celerín
Vollständig modernisiertes Renaissancehaus mit Weinstube. *Nám. Zachariáše z Hradce 1/43, 12 Zi., 1 Zi. behindertengerecht, Tel./Fax 066/96 24 77, Kategorie 2*

Telč
Nett eingerichtetes Hotel im historischen Zentrum. *Na můstku 37, 10 Zi., Tel. 066/96 21 09, Fax 968 87, Kategorie 2*

AUSKUNFT

Info
Nám. Zachariáše z Hradce 10, Mo–Fr 7–16, in der Saison Sa und So 10 bis 18 Uhr, Tel. 066/96 22 33, Fax 96 25 57

MÄHREN

ZNOJMO

(I 10) Die alte königliche Gurken- und Weinstadt Znaim (38 000 Ew.) liegt hoch über der Dyje (Thaya). Das weitverzweigte unterirdische Gängelabyrinth unter der Altstadt wurde im Mittelalter in harter Arbeit angelegt. Es diente den Znaimern mehrmals in der Geschichte als Zufluchtsort vor kriegerischen Angriffen, zuletzt am Ende des Zweiten Weltkrieges, als sich hier Tausende von Menschen in Sicherheit brachten. Bis auf den 80 m hohen spätgotischen Turm wurde damals das Rathaus vernichtet. Einzigartige Wandmalereien aus dem Jahre 1134 sind in der romanischen Rotunde der sv. Kateřina (hl. Katharina) erhalten. Sie zeigen Szenen aus dem Leben der Přemyslidenfürsten, darunter Přemysl »den Pflüger«, den sagenhaften Gründer der Dynastie. Die »Saure-Gurken-Zeit« begann in Znojmo 1571, als die Samen des heute als Znaimer Gurken weltbekannten Gemüses aus Ungarn eingeführt wurden. Hervorragende Weine werden schon seit dem 10. Jh. angebaut. Die Weinlese feiern die Znaimer mit einem ✪ ⚘ Umzug am zweiten Wochenende im September.

AUSKUNFT

Čedok
Horní nám. 15, Tel. 0624/22 46 08, tgl. 9–17, Sa 9–12 Uhr

ZIELE IN DER UMGEBUNG

Schloß Jaroměřice nad Rokytnou **(H 9)**
Trotz der langen Anfahrt (55 km NW, Jarmeritz) darf es Barock-

und Musikliebhabern nicht verheimlicht werden: Das prunkvolle rot-weiße Barockschloß mit der mächtigen Kuppel der Schloßkirche sv. Markéta (1700 bis 1737) wurde im 18. Jh. zum bedeutenden Theater- und Musikzentrum Mährens. Die Theaterkulissen entwarf der berühmte Giuseppe Galli-Bibiena. Der großzügige Musikfreund und Schloßbesitzer Johann Adam von Questenberg besetzte das Orchester mit seinen Dienern und Beamten und ließ František Václav Míča, der die erste tschechische Oper (1730) komponierte, den Taktstock führen. In den reich dekorierten Innenräumen des Schlosses können erlesenes Mobiliar, eine Galerie und nicht zuletzt eine kostbare Sammlung von Musikinstrumenten aus dem 18. Jh. bewundert werden. *Mai bis Sept. tgl. außer Mo 9–17 Uhr. Unterkunft: Hotel Opera am Hauptplatz, 36 Zi., Tel./Fax 0617/ 97 22 32, Kategorie 2*

Schloß Vranov nad Dyjí **(H 10)**
✪ Den 30 km langen Stausee (18 km W) am Rande des Nationalparks »Podyjí« mit einem breiten Wassersportangebot und schönen Sandstränden nennen die Znaimer ⚘ »Mährische Adria«. Auf einem hohen Felsen thront das malerische Barockschloß Vranov (Frain), dessen prunkvoller Ahnensaal von Johann Bernhard Fischer von Erlach ganz gewiß auch diejenigen begeistern wird, die nicht um jeden Preis Schlösser und ihre Einrichtungen besichtigen wollen. *Unterkunft: Hotel Bítov am anderen Ende des Stausees, 22 Zi. und 26 Bungalows für 4 Pers. Tel. 0624/963 97, Fax 963 98, Kategorie 2–3*

Von Auskunft bis Zoll

*Die wichtigsten Adressen und Informationen für
Ihre Reise nach Tschechien*

AUSKUNFT

Filialen von Čedok-Reisen GmbH:
In Deutschland: *Kaiserstr. 54,
60329 Frankfurt, Tel. 069/
27401 70; Leipzigerstr. 60, 10117
Berlin, Tel. 030/204 46 44*
In Österreich: *Parkring 10, 1010
Wien, Tel. 1/51 24 37 20*
In der Schweiz: *Uraniastr. 34,
8025 Zürich, Tel. 1/221 31 31*

ARZT

Deutsche Auslandskrankenscheine werden in Tschechien nicht
anerkannt. Eine Abteilung eigens
für Ausländer bietet das Prager
Krankenhaus *Nemocnice Na Homolce, Roentgenova 2, 15000 Prag-
Smíchov, Tel. 02/52 92 21 46.* Die
meisten Apotheken (lékárna)
sind gut sortiert. Arzt heißt lékař,
Krankenhaus – nemocnice. Einen Unfallarzt erreicht man landesweit einheitlich unter der *Tel.
155.*

AUTO

Bei Einreise sind nationaler Führerschein, Kraftfahrzeugschein
und Grüne Versicherungskarte
notwendig. Ab 1995 ist für die
Benutzung von Autobahnen und
Schnellstraßen eine Jahresvignette erforderlich, die man an der
Grenze zum Preis von Kč 400.–
für Fahrzeuge bis 3,5 t erhält.
Höchstgeschwindigkeit in Ortschaften 60 km/h, auf Landstraßen 90 km/h, auf Autobahnen und einigen Schnellstraßen
110 km/h. Am Steuer gilt absolutes Alkoholverbot und Anschnallpflicht; die Polizei versteht
in Bezug auf Trinken keinen
Spaß! Unfälle sind schon im eigenen Interesse der Polizei zu
melden. An den Tankstellen sind
verbleites Super und Spezial,
bleifreies »Natural« Normal und
Super sowie Diesel erhältlich.
Pannenhilfe leistet der *Automobilclub UAMK,* der landesweit unter *Tel. 01 23* zu erreichen ist,
auch der *Autoclub Bohemia Assistance (ABA),* landesweit unter
Tel. 01 24.

BANKEN

Die Landeswährung ist die Krone, abgekürzt Kč. Die Wechselgebühren in den zahlreichen,
auch an Sonn- und Feiertagen
geöffneten Wechselstuben, können beträchtlich über denen der

PRAKTISCHE HINWEISE

Banken liegen. Nur in Banken werden Eurocheques eingelöst. Sie müssen in Landeswährung ausgestellt sein. Gut bedient ist man mit Kreditkarten oder der EC-Karte, denn Geldautomaten sind mittlerweile gang und gäbe. Viele Geschäfte, große Hotels und Restaurants akzeptieren die gängigen Kreditkarten.

BOTSCHAFTEN

Botschaft der Bundesrepublik Deutschland
Vlašská 19, 11000 Prag 1 (Malá Strana), Tel. 02/24 51 03 23

Botschaft der Republik Österreich
Ulice Viktora Huga 10, 15000 Prag 5 (Smíchov), Tel. 02/24 51 16 77

Botschaft der Schweiz
Pevnostní 7, 16000 Prag 6 (Střešovice), Tel. 02/24 31 12 28

CAMPING

In Tschechien gibt es fast 400 Campingplätze, in und um Prag etwa 40. Auf vielen Plätzen stehen Hütten (chaty) zur Verfügung. Sehr übersichtlich ist die jährlich im Januar erscheinende Infokarte »Autocamping« mit Erklärungen auf Tschechisch, Englisch, Deutsch und Niederländisch. Es besteht generelles Campingverbot außerhalb der Campingplätze.

HAUSTIERE

Internationaler Impfpaß mit eingetragener Tollwutimpfung und Impfung gegen Viren (Staupe, Hepatitis und Parvovirus) bei der Mitnahme von Hunden. Bei Katzen zusätzlich Panleukopenie.

LEIHWAGEN

Einheimische und ausländische Autoverleihfirmen (Budget, Rent A Car, Hertz, Europcar, A Rent) haben Niederlassungen in größeren Städten. Nähere Auskunft an der Hotelrezeption und in Reisebüros.

NETZSPANNUNG

220 Volt Wechselstrom. Entsprechende Reisestecker im Gepäck mitnehmen.

NOTRUFE

Erste Hilfe (Arzt): *155*
Polizei: *158*
Feuerwehr: *150*

ÖFFNUNGSZEITEN

Die meisten Burgen, Schlösser und Museen sind im April und Okt. nur an den Wochenenden und von Mai–Sept. täglich von Di–So zu besichtigen. Mo ist meistens geschlossen.

Lebensmittelgeschäfte sind Mo bis Fr von 7 bis 18 Uhr geöffnet, Sa bis 12 Uhr, sonstige Geschäfte Mo–Fr von 9 bis 18 Uhr, einige auch Sa bis 12 Uhr. In Souvenirläden wird auch sonntags und in den späten Abendstunden verkauft.

PASS

Zur Einreise genügt der Reisepaß oder Personalausweis.

POST-TELEFON

Wer eine Postkarte nach Deutschland, Österreich oder in die Schweiz schicken will, muß für das Porto 5 Kronen bezahlen, Briefe bis 20 g werden mit 8 Kronen frankiert. Briefmarken kauft man auf der Post (pošta) oder in den zahlreich vorhandenen Tabakläden (tabák). Dort bekommt man auch Telefonkarten, mit denen man bequem auch ins Ausland telefonieren kann. Vorwahl für Deutschland *0049*, Österreich *0043*, Schweiz *0041*. Vorwahl Tschechien: *0042*.

TOILETTEN

Stille Örtchen für Damen sind mit *dámy* oder *ženy* gekennzeichnet, für Herren mit *páni* oder *muži*.

TRINKGELD

Die Rechnungen in Hotels und Restaurants enthalten bereits den Bedienungszuschlag. Ein Trinkgeld für Fremdenführer, Garderobenfrau, Hotelangestellte, Ober und Taxifahrer von 10 bis 15 Prozent der Rechnungssumme wird wie überall gern gesehen.

ZOLL

Ausländische Währung darf in unbegrenzter Höhe ein- und ausgeführt werden. Ein Verzeichnis der Gegenstände, die man ausführen darf oder nicht, gibt es bei jedem Zollamt.

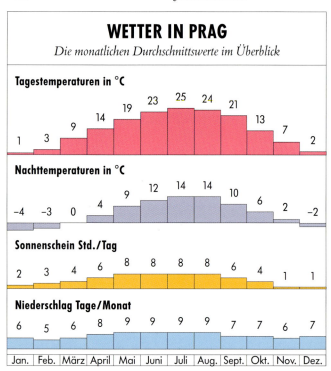

WARNUNG

Bloß nicht!

Worauf Sie achten, und was Sie vermeiden sollten

Alkohol am Steuer

Auch wenn's im Mutterland des Bieres schwerfällt: In Tschechien besteht weiterhin absolutes Alkoholverbot für Autofahrer (0,0 Promille!). Nach dem Genuß von 0,5 l Bier, 0,2 l Wein oder 0,025 l Schnaps dauert der Abbau des Alkohols im Körper je nach Körpergewicht immerhin 2–3 Stunden. Für alkoholisierte Fahrer hat die Polizei überhaupt kein Verständnis.

Arrogantes Gehabe

Daheim ein Biedermann, im Ausland die Sau rauslassen. Gegen Fröhlichsein ist nichts einzuwenden, aber bitte maßvoll und mit angemessener Lautstärke. Parkverbot heißt tatsächlich Parkverbot, sonst drohen Geldbußen und Krallen. Am besten man verhält sich so, wie man es auch von Touristen im eigenen Land erwartet.

Auf Liebe eingestellt

Zur böhmischen Folklore zählen zahlreiche Damen, die besonders bei Teplice die E 55 säumen, den längsten Straßenstrich Europas. Dem ältesten Gewerbe der Welt gehen hier Angehörige verschiedener Nationen Europas nach. Völkerverständigung jedoch ist nicht ihr Ziel. Kilometerlang sind sie positiv auf Liebe eingestellt, zu Arztuntersuchungen haben sie ein eher negatives Verhältnis.

Einen Barockschrank im Kofferraum

So etwas wird wohl niemand über die Grenze schmuggeln wollen. Aber zahllose alte Bilder und Statuen im Wert von mehreren Milliarden von Kronen wurden in den letzten Jahren aus dem Land gebracht. Der Staat reagierte darauf mit einer Verschärfung der Ausfuhrbedingungen und gründlicherer Grenzkontrollen. Einen Barockschrank werden Sie also wohl kaum über die Grenze bringen können. »Schmuggeln« Sie lieber einen tschechischen Elefanten, einen aus Glas, Größe 4 x 5 cm.

Langfinger

Lassen Sie keine Wertgegenstände sichtbar im Fahrzeug liegen und benutzen Sie bewachte Parkplätze!

Tschechei

In den deutschsprachigen Massenmedien hat sich seit der Gründung des neuen Staates die Bezeichnung Tschechien eingebürgert. Tschechei hingegen hat einen negativen Beigeschmack, weil diese Bezeichnung von den Nazis während der deutschen Besetzung verwendet wurde.

Was bekomme ich für mein Geld?

Kurz und bündig: eine ganze Menge. Tschechien ist ein Urlaubsland, in dem die Kaufkraft der Touristen aus dem Westen noch relativ hoch ist.

Die tschechische Währungseinheit ist die Krone (koruna, Abkürzung Kč), die Krone ist in 100 Heller (haléř) unterteilt. Nach offiziellem Wechselkurs (Stand Winter 1995) erhält man hier für 1 Mark etwa 16,40 Kč, in den tschechischen Banken über 18 Kč. Wechselstuben verlangen 3 bis 9 Prozent des Umtauschbetrags als Provision, Banken nur 1–2 Prozent. Nur neue Banknoten und Münzen mit der Aufschrift »Česká Republika« sind gültig.

Am teuersten lebt man in Prag. Ähnlich verhält es sich in Brno und den westböhmischen Bädern. In anderen Großstädten können Sie für 1700 Kč pro Nacht und 500 Kč pro Mahlzeit mit ein wenig Luxus rechnen. Am preiswertesten ist die restliche Provinz. Auf dem Land kann man schon für 250 Kč übernachten, ein Dreigangmenü kostet 100–150 Kč, der halbe Liter Bier dazu 10–20 Kč, ebenso Mineralwasser, Cola und Kaffee. Ein Glas Wein ist für 20 bis 30 Kč und ein Gläschen einheimischen Schnapses für 20–50 Kč zu haben. Die Preise für Diesel und Benzin bewegen sich zwischen 17 und 22 Kč pro Liter. Fahrscheine für öffentliche Verkehrsmittel in Städten kosten 4 bis 6 Kč (Prag 10 Kč), eine Postkarte 3 bis 5 Kč und ein Ortsgespräch 2 Kč.

DM	Kč	Kč	DM
1	16,40	10	0,61
2	32,80	25	1,53
3	49,20	50	3,05
4	65,60	75	4,58
5	82,00	100	6,10
10	164,00	150	9,15
20	328,00	200	12,20
30	492,00	250	15,25
40	656,00	500	30,50
50	820,00	750	45,75
60	984,00	1.000	61,00
70	1.148,00	1.250	76,25
80	1.312,00	1.500	91,50
90	1.476,00	2.000	122,00
100	1.640,00	2.500	152,50
200	3.280,00	5.000	305,00
300	4.920,00	7.500	457,50
500	8.200,00	10.000	610,00
750	12.300,00	15.000	915,00
1.000	16.400,00	20.000	1.220,00

Damit macht Ihre nächste Reise mehr Freude:

Die neuen Marco Polo Sprachführer. Für viele Sprachen.

Sprechen und Verstehen ganz einfach. Mit Insider-Tips.

Das und vieles mehr finden Sie in den Marco Polo Sprachführern:
- Redewendungen für jede Situation
- Ausführliches Menü-Kapitel
- Bloß nicht!
- Reisen mit Kindern
- Die 1333 wichtigsten Wörter

REGISTER

In diesem Register finden Sie alle erwähnten Orte und die wichtigsten Sehenswürdigkeiten, bei Mehrfachnennung steht die Hauptnennung halbfett, Fotos kursiv.

Adlergebirge 74f.
Adršpašsko - Teplické
   skály 8, 66, **70f.**
Altvatergebirge 81
Austerlitz 80
Babylon 45
Bečov nad Teplou 48
Beskydy/Beskiden 81
Böhmerwald 8, 15, 53,
   54, 60f.
Bouzov 86f.
Brno/Brünn 29, **77ff.**
Budweis 53f.
Červená Lhota 58
České Budějovice 53f.
Český Krumlov 28, 54
   56f.
Český ráj 8, **65**
Cheb 43f.
Chlum 69
Děčín 68
Dolní Věstonice 84
Domažlice 28, **44**
Duchcov/Dux 73f.
Eger 43f.
Elbsandsteingebirge 68f.
Františkovy Lázně/
   Franzensbad 13, **45**
Frýdlant/Friedland 72
Frymburk 61
Gablonz 72
Gräfenberg 82
Harrachov 71
Hlinsko 27
Horní Planá 61
Horažďovice 27
Hradec Králové 69
Hřensko/Herrns-
   kretschen 69
Hrubá Skála 68
Husinec 61
Jablonec 72
Jaroměřice nad
   Rokytnou 89
Javorník 29
Jeřitice *13*
Jesenice 6, 44
Jeseník 82
Jeseníky 81
Ještěd/Jeschken 73
Jičín/Jitschin 65f.
Jindřichův Hradec
   54, **58**
Karlovy Vary/Karlsbad
   25, 28, 29, *42*, 44, **46f.**

Karlštejn *13,* 32, **36ff.**
Kleť 57
Klokoty 62
Kokořínský důl 41
Kolín 28
Königsgrätz 69
Konopiště 32, **38f.**
Kost 66, 67
Kozí Hradek 62
Křivoklát 39
Krkonoše 8, 15, 66, **70**
Kroměříž/Kremsier 87
Krumau 28, 54, **56f.**
Kuks 66, 69f.
Kutná Hora/
   Kuttenberg 32, **39f.**
Kyjov 28
Kynžvart 50
Labské pískovce 68f.
Lednice 77, 78, **82f.**
Liberec 72
Lidice 16
Lipno 6, 61
Litoměřice/
   Leitmeritz 73
Litomyšl/
   Leitomyschl 28, **70**
Loket 48
Lomec 59
Lužnice 62f.
Malá Skála 68
Mariánské Lázně/
   Marienbad 28, 44, **48f.**
Markt Eisenstein 60
Mělník 19, 28, **40f.**
Mikulčice 83
Mikulov 23, **84**
Milevsko 27
Mladá Boleslav 28
Moldau *7,* 19
Moravský kras 8, 78, **85**
Moravský Krumlov 80
Náchod 75
Náměšť na Hané 29
Nelahozeves 41
Nové Město nad Metují
   75
Oberplan 61
Olomouc/Olmütz
   28, 77f., **85f.**
Opočno 75
Orlické Hory 74f.
Orlík 59f.
Ostrava 28
Pálava 84ff.
Pardubice 29
Pec pod Sněžkou/
   Petzer 71

Pernštejn 80
Písek 58f.
Plzeň/Pilsen 51
Prachatice 60
Prachovské skály 66f.
Praha/Prag 8f., 27, 28,
   29, 30, **31,** *37*
Ratibořice 75
Reduta 27
Reichenberg 72
Riesengebirge
   8, 15, 66, 70
Říp 41
Rožmberk und Vyšší
   Brod 57
Rožnov pod Rad-
   hoštěm 27, **81**
Schloß Eisgrub *76,* 82f.
Skalka 44
Skoronice 28
Slavkov 80f.
Soos 45
Špindlerův Mlýn/
   Spindlermühle 71f.
Šternberk 87
Strakonice 27, 28
Strážnice 28, *82,* **83**
Suché Skály 68
Šumava 8, 15, 53, 54,
   60f.
Svatý Kopeček 87
Sychrov 68
Tábor 29, 54, **61f.**
Taus 28, 44
Telč/Teltsch 28, 78, **87f.**
Teplá 50
Terezín/
   Theresienstadt 74
Tetschen 68
Tisá 69
Třebenice 74
Třeboň 18, 23, 52, 53,
   54, **63**
Trosky 68
Turnov/Turnau 67
Valdštejn 68
Valtice 83
Velehrad 81
Vimperk 60
Vlčnov 28
Vltava *7,* 19
Vranov nad Dyjí 89
Železná Ruda 60
Zlatá Koruna 57f.
Zlín 87
Znojmo/Znaim 28, **89**
Zvíkov 60

SPRACHFÜHRER TSCHECHISCH

Sprechen und Verstehen ganz einfach

Zur Erleichterung der Aussprache sind alle tschechischen Wörter mit einer einfachen Aussprache (in eckigen Klammern) versehen.
' die nachfolgende Silbe wird betont.

AUF EINEN BLICK

Ja./Nein./Hilfe.	Ano. ['ano]/Ne. [nä]/Pomoc! ['pomots]
Bitte.	Prosím. ['prosim]
Danke.	Děkuji. ['djäkuji]
Gern geschehen.	Rádo se stalo. ['rado sä 'stalo]
Können Sie mir bitte helfen?	Prosím vás, můžete mi pomoci? ['prosim was 'muschätä mi 'pomotsi]
Ich möchte …	Chtěl/-a bych … ['chtjäl/-a'bich]
Haben Sie …?	Máte …? ['matä]
Wieviel kostet es?	Kolik to stojí? ['kolik to 'stoji]
Wieviel Uhr ist es?	Kolik je hodin? ['kolik jä 'hodjin]
Entschuldigung!	Promiňte! ['prominjtä]
Wie bitte?	Prosím? ['prosim]
Ich verstehe Sie/dich nicht.	Nerozumím vám/ti. ['närosumim wam/tji]
Ich spreche nur wenig …	Mluvím jen málo … ['mluwim jän 'malo]

KENNENLERNEN

Guten Morgen!	Dobré jitro! ['dobrä 'jitro]
Guten Tag!	Dobrý den! ['dobri 'dän]
Guten Abend!	Dobrý večer! ['dobri 'wätschär]
Hallo! Grüß dich!	Ahoj! ['ahoj]
Wie ist Ihr Name, bitte?	Jaké je vaše jméno, prosím? ['jakä jä 'waschä 'mäno 'prosim]
Mein Name ist …/ Ich heiße …	Jmenuji se … ['mänuji sä]
Wie geht es Ihnen/dir?	Jak se máte/máš? ['jäk sä 'matä/'masch]
Danke. Und Ihnen/dir?	Děkuji. A vy/ty? ['djäkuji a 'wi/ti]
Auf Wiedersehen!	Na shledanou! ['nas chlädanou]
Tschüß!	Ahoj! ['ahoj]
Vielen Dank für den netten Abend.	Děkuji za příjemný večer. ['djäkuji 'saprschijämni 'wätschär]

UNTERWEGS

Auskunft

Wie komme ich zur Auto-
bahn nach …?
Jak se dostanu na dálnici na …?
['jak sä 'dostanu 'nadalnjitsi 'na]

Immer geradeaus bis …
Pořád rovně až … ['porschat 'rownjä asch]

Dann links/rechts abbiegen.
Potom odbočte (zahněte) do leva/
do prava. ['potom 'odbotschtä ('sahnjätä)
'doläwa/'doprawa]

Bitte, wo ist …?
Prosím vás, kde je …? ['prosim 'was gdä jä]

Wie weit ist das?
Jak je to daleko? ['jak jä to 'daläko]

Panne

Ich habe eine Panne.
Měl/-a jsem poruchu jsem.
['mnjäl/-a säm 'poruchu säm]

Können Sie mal nachsehen?
Můžete se na to podívat?
['muschätä sä 'nato 'podjiwat]

Wo ist hier in der Nähe
eine Werkstatt?
Je tady někde blízko autoopravna?
['jä 'tadi njägdä 'blisko 'auto,oprawna]

Würden Sie mich bis
zur nächsten Werkstatt
abschleppen?
Odtáhl/-a byste mě s sebou k
nejbližší dílně? ['otach/'otahla ,bistä mnjä
'knäjblischi 'djilnjä]

Tankstelle

Ich möchte … Liter …
Chtěl/-a bych … litrů.
['chtjäl/-a bich … litru]

… Normalbenzin.
… benzínu speciál. ['bänsinu 'spätsijal]

… Super.
… benzínu super. ['bänsinu 'supr]

… Diesel.
… nafty. ['nafti]

… bleifrei/verbleit/
mit … Oktan.
… naturalu/s olovem/ …-oktanového.
['naturalu/'s olowäm'/…-okta nowäho]

Volltanken, bitte.
Plnou (nádrž) Prosím.
['plnou ('nadrsch) 'prosim]

Unfall

Es ist ein Unfall passiert!
Stala se nehoda! ['stala sä 'nähoda]

Rufen Sie bitte schnell …
Zavolejte prosím rychle …
['sawoläjtä 'prosim 'richlä]

… einen Krankenwagen.
… sanitku. ['sanitku]

… die Polizei.
… policii. ['politsiji]

… die Feuerwehr.
… požárníky. ['poscharnjiki]

Es war meine/Ihre Schuld.
Byla to moje/vaše vina.
['bila to 'mojä/'waschä 'wina]

Geben Sie mir bitte Ihren
Namen und Ihre Anschrift.
Napište mi prosím své jméno a adresu.
['napischtä mi 'prosim swä 'mäno a 'adräsu]

Vielen Dank für Ihre Hilfe.
Děkuji vám za pomoc.
['djäkuji wam 'sapomots]

SPRACHFÜHRER TSCHECHISCH

ESSEN

Wo gibt es hier …
  … ein gutes Restaurant?

  … ein typisches Restaurant?

Kde je tady … ['gdä jä 'tadi]
  … nějaká dobrá restaurace?
  ['njäjaka 'dobra 'rästauratsä]
  … typická restaurace?
  ['tipitska 'rästauratsä]

Reservieren Sie uns bitte
für heute abend einen
Tisch für 4 Personen.

Rezervujte nám prosím na dnes večer
stůl pro čtyři osoby.
['räsärwujtä nam 'prosim 'nadnäs 'wätschär
stul 'proschtirschi 'osobi]

Welches sind die typischen
Gerichte der tschechischen
Küche?

Jaká jsou typická česká jídla?
['jaka sou 'tipitska 'tschäska 'jidla]

Auf Ihr Wohl!
Das habe ich nicht bestellt.

Na vaše zdraví! ['nawaschä 'sdrawi]
To jsem si neobjednal/-a.
['to säm si 'näobjädnal/-a]

Bezahlen, bitte.
Hat es geschmeckt?
Das Essen war ausge-
zeichnet.

Platit prosím. ['platjit 'prosim]
Chutnalo vám? ['chutnalo wam]
Bylo to výborné. ['bilo to 'wibornä]

ÜBERNACHTUNG

Können Sie mir bitte …
empfehlen?
  … ein gutes Hotel

  … eine Pension

Můžete mi prosím doporučit …?
['muschätä mi 'prosim 'doporutschit]
  … nějaký dobrý hotel
  ['njäjaki 'dobri 'hotäl]
  … penzión ['pänsijon]

Haben Sie noch Zimmer
frei?
  … ein Einzelzimmer
  … ein Zweibettzimmer
  … mit Dusche/Bad

  … für eine Nacht
  … für eine Woche

Máte ještě volné pokoje?
['matä ‚(j)äschtjä 'wolnä 'pokojä]
  … Jednolůžkový. ['jädno‚luschkowi]
  … Dvoulůžkový. ['dwou‚luschkowi]
  … se sprchou./s koupelnou.
  ['säsprchou/'skoupälnou]
  … na jednu noc. ['najädnu 'nots]
  … na týden. ['natidän]

Was kostet das Zimmer
mit …
  … Frühstück?
  … Halbpension?
Nein, wir sind leider voll-
ständig belegt.

Kolik stojí pokoj …
['kolik 'stoji 'pokoj]
  … se snídaní? ['säsnjidanji]
  … s polopenzí? ['spolopänsi]
Ne, máme bohužel všechno obsazené.
['nä 'mamä 'bohuschäl 'fschächno 'opsasänä]

Gibt es hier einen
Campingplatz/eine
  Jugendherberge?

Je tady někde kempink/ubytovna pro
mládež? ['jä 'tadi 'njägdä 'kämpink/
'ubitowna 'promladäsch]

PRAKTISCHE INFORMATIONEN

Arzt

Können Sie mir einen guten Arzt empfehlen?

Můžete mi doporučit nějakého dobrého lékaře? ['muschätä mi 'doporutschit 'njäjakäho 'dobräho 'läkarschä]

Ich habe hier Schmerzen.

Mám bolest tadyhle. ['mam 'boläst 'tadihlä]

Bank

Wo ist hier bitte …
… eine Bank?
… eine Wechselstube?

Kde je tady …['gdä jä 'tadi]
… banka? ['banka]
… směnárna prosím? ['smnjänarna 'prosim]

Ich möchte … DM (Schilling, Schweizer Franken) in Kronen wechseln.

Chtěl/-a bych si vyměnit … marek (šilinků, švýcarských franků) na koruny. ['chtjäl/-a bichsi 'wimnjänjit … 'maräk (schilinku schwitsarskich franku) 'nakoruni]

Post

Wieviel kommt auf
einen Brief
eine Postkarte
nach Deutschland?

Kolik se dává ['kolik sä 'dawa]
na dopis ['nadopis]
na lístek ['nalístäk]
do Německa? ['donjämätska]

Zahlen

0	nula ['nula]		19	devatenáct ['däwatänatst]
1	jedna *f* ['jädna], (jeden *m*)		20	dvacet [dwatsät]
2	dva *m* ['dwa], dvě *f* ['dwjä]		21	dvacet jedna ['dwatsät 'jädna]
3	tři ['trschi]		30	třicet ['trschitsät]
4	čtyři ['schtirschi]		40	čtyřicet ['schtirschitsät]
5	pět ['pjät]		50	padesát ['padäsat]
6	šest [schäst]		60	šedesát [schädäsat]
7	sedm ['sädum]		70	sedmdesát ['sädumdäsat]
8	osm ['osum]		80	osmdesát ['osumdäsat]
9	devět ['däwjät]		90	devadesát ['däwadäsat]
10	deset ['däsät]		100	sto ['sto]
11	jedenáct ['jädänatst]		200	dvě stě ['dwjä 'stjä]
12	dvanáct ['dwanatst]		300	tři sta ['trschi 'sta]
13	třináct ['trschinatst]		1000	tisíc ['tjisits]
14	čtrnáct ['schtrnatst]		2000	dva tisíce ['dwa 'tjisitsä]
15	patnáct ['patnatst]		10000	deset tisíc ['däsä'tjisits]
16	šestnáct ['schästnatst]			
17	sedmnáct ['sädumnatst]		1/2	půl [pul]
18	osmnáct ['osumnatst]		1/4	čtvrt [(t)schtwrt]

SPRACHFÜHRER TSCHECHISCH

Jídelní lístek
Speisekarte

SNÍDANĚ	FRÜHSTÜCK
Černou kávu ['tschärnou 'kawu]	schwarzer Kaffee
Bílou kávu/kávu s mlékem	Kaffee mit Milch
['bilou 'kawu/'kawu 'smläkäm]	
Kávu bez kofeinu ['kawu 'bäskofäjinu]	koffeinfreier Kaffee
Čaj s mlékem/s citrónem	Tee mit Milch/Zitrone
[tschaj 'smläkäm/stsitronäm]	
Bylinkový čaj ['bilinjkowi 'tschai]	Kräutertee
Čokoládu ['tschokoladu]	Schokolade
Džus ['dschus]	Fruchtsaft
Vajíčko na měkko	weiches Ei
['wajitschko 'namnjäko]	
Míchaná vejce ['michana wäjtsä]	Rührei
Vejce na slanině ['wäjtsä 'naslanjinjä]	Eier mit Speck
Chleba ['chläba]	Brot
Housky ['houski]	Brötchen
Toust ['toust]	Toast
Rohlík ['rohlik]	Hörnchen
Máslo ['maslo]	Butter
Sýr ['sir]	Käse
Salám ['salam]	Wurst
Šunku ['schunku]	Schinken
Med ['mät]	Honig
Džem ['dschäm]	Marmelade
Ovoce ['owotsä]	Obst

STUDENÉ PŘEDKRMY	KALTE VORSPEISEN
Chřest zapečený v šunce	Spargel mit Schinken
['chrschäsd 'sapätschäni 'fschuntsä]	überbacken
Pražská šunka ['praschska 'schunka]	Prager Schinken
Šunková rolka se šlehačkou	Schinkenröllchen mit
a křenem ['schunkowa 'rolka]	Sahne-Meerrettich
'säschlähatschkou a 'krschänäm]	

POLÉVKY	SUPPEN
Bramborová polévka	Kartoffelsuppe
['bramborowa 'poläfka]	
Hovězí vývar, vejce, zelenina	Rinderbrühe mit Ei
['howjäsi 'wiwar 'wäjtsä 'sälänjina]	und Gemüse
Žampionový krém	Champignoncremesuppe
['schampijonowi 'kräm]	

NÁRODNÍ JÍDLA

NATIONALGERICHTE

Staročeské zelí obložené (pečená kachna, uzená krkovička, pečená vepřová kýta, slanina), houskové, bramborové, špekové knedlíky ['starotschäskä 'säli 'obloschänä ('pätschäna 'kachna 'usäna 'krkowitschka 'pätschäna 'wäprschowa 'kita 'slanjina) 'houskowä 'bramborwä 'schpäkowä 'knädliki]

Alttschechisches Kraut garniert (gebratene Ente, Selchfleisch, Schweinskeule, Speck) Semmel-knödel, Kartoffelknödel, Speckknödel

Vepřová, knedlík, zelí (vepřo-knedlozelo) ['wäprschowa 'knädlik 'säli (wäprscho 'knädlo 'sälo)]

Schweinebraten mit Knödeln und Kraut

JÍDLA NA OBJEDNÁVKU

PFANNENGERICHTE

Biftek s broskví, šunka, smažené hranolky ['biftäk 'sbroskwi 'schunka 'smaschänä 'hranolki]

Beefsteak mit Pfirsich, Schinken, Pommes frites

Pražský vepřový steak (česnek, křen, okurka), smažené hranolky ['praschski 'wäprschowi 'stäjk ('tschäsnäk 'krschän 'okurka) smaschänä hranolki]

Prager Schweinesteak (Knob-lauch, Meerrettich, Gurke), Pommes frites

Smažený řízek s bramborovým salátem/brambory/hranolky ['smaschäni 'rschisäk 'sbramborowim 'salatäm/'brambori/'hranolki]

Wiener Schnitzel mit Kartoffel-salat/Kartoffeln/Pommes frites

Telecí medailonky zapečené (šunka, sýr, vejce), smažené hranolky ['tälätsi 'mädajlonki 'sapätschänä ('schunka 'sir 'wäjtsä) 'smaschänä hranolki]

Gefüllte Kalbsmedaillons (Schinken, Käse, Ei), Pommes frites

DRŮBEŽ

GEFLÜGEL

Kachna pečená, červené zelí, bramborové knedliky ['kachna 'pätschäna 'tschärwänä 'säli 'bramborowä 'knädliki]

Gebratene Ente, Rotkraut und Kartoffelknödel

Kuře pečené na víně, smažené hranolky ['kurschä 'pätschänä 'nawinjä 'smaschänä 'hranolki]

Huhn in Wein gebraten mit Pommes frites

Pečená husa, knedlík zelí ['pätschäna 'husa 'knädlik 'säli]

Bratgans mit Knödeln und Sauerkraut

SPRACHFÜHRER TSCHECHISCH

RYBY   FISCH

Kapr na kmíně, vařené brambory
['kapr 'nakminjä 'warschänä 'brambori]

Karpfen auf Kümmel mit Salzkartoffeln

Kapr smažený, labužnický salát
['kapr 'smaschäni "labuschnjitski 'salat]

Panierter Karpfen, Kartoffelsalat mit Gemüse und Schinken

Pstruh na mandlích, vařené
brambory ['pstruch 'namandlich
'wärschänä 'brambori]

Forelle auf Mandeln mit Salzkartoffeln

PŘÍLOHY   BEILAGEN

Bramborové knedlíky
['bramborowä 'knädliki]

Kartoffelknödel

Bramborový salát
['bramborowi salat]

Kartoffelsalat mit harten Eiern
und Gemüse

Dušená rýže ['duschäna 'rischä]

Gekochter Reis

Dušené zelí ['duschänä 'säli]

Kraut

Houskové knedlíky
['houskowä knädliki]

Semmelknödel

Smažené hranolky ['smaschänä
hranolki]

Pommes frites

Špekové knedlíky ['schpäkowä
'knädliki]

Speckknödel

Tatarská omáčka '[tatarska 'omatschka]

Sauce Tartar

Vařené brambory ['warschänä
'brambori]

Salzkartoffeln

DEZERTY/MOUČNÍKY   NACHTISCH/SÜSSPEISEN

Ovocné knedlíky (švestkové,
třešňové, jahodové nebo meruňkové)
['owotsnä 'knädliki ('schwästkowä
'trschäschnjowä 'jahodowä näbo
'märunjkowä)]

Obstknödel (gefüllt mit
Pflaumen, Kirschen, Erdbeeren
oder Aprikosen)

Palačinky s ovocem a se šlehačkou
['palatschinki 's owotsäm a
'säschlähatschkou]

Palatschinken mit Früchten
und Sahne

Slané mandle ['slanä 'mandlä]

Salzmandeln

Sýrový talíř s máslem
['sirowi 'talirsch 'smasläm]

Käseplatte mit Butter

Vdolečky se šlehačkou
['wdolätschki 'säschlähatschkou]

Dalken mit Sahne

Větrník se šlehačkou
['wjätrnjik 'säschlähatschkou]

Windbeutel mit Sahne

KOMPOTY, (ZMRZLINOVÉ) POHÁRY	KOMPOTTE, OBST-/EISBECHER

Jahody [ˈjahodi]
Maliny se šlehačkou
[ˈmalini ˈsäschlähatschkou]
Zmrzlinový pohár »Fruit koktejl«
se šlehačkou a griotkou
[ˈsmrslinowi ˈpohar ˈfrut ˌkoktäjl
ˈsäschlähatschkou a ˈgrijotkou]

Erdbeeren
Himbeeren mit Sahne

Eisbecher »Früchte-Coctail«
mit Sahne und Kirschlikör

Nápojový lístek
Getränkekarte

VÍNA BÍLÁ	WEISSWEINE

Rýnský ryzlink [ˈrinski ˈrislink]

Rheinischer Riesling

VÍNA ČERVENÁ	ROTWEINE

Frankovka [ˈfrankofka]

»Frankovka«

PIVA	BIERE

Budvar [ˈbudwar]
Plzeňský prazdroj [ˈplsänjski ˈprasdroj]
Černé pivo [ˈtschärnä piwo]
nealkoholické pivo
[ˈnä,alkoholitskä ˈpiwo]

Budweiser
Pilsner Urquell
Dunkles Bier
alkoholfreies Bier

NEALKOHOLICKÉ NÁPOJE	ALKOHOLFREIE GETRÄNKE

Grapefruitový džus
[ˈgräpfrujtowi ˈdschus]
Pomerančový džus
[ˈpomärantschowi ˈdschus]
Minerální voda (= minerálka)
[ˈminäralnji ˈwoda (ˈminäralka)]

Grapefruitsaft

Orangensaft

Mineralwasser

TEPLÉ NÁPOJE	WARME GETRÄNKE

Káva překapávaná [ˈkawa
ˈprschäkapawana]
Espreso [ˈäspräso]
Vídeňská káva [ˈwidänjska ˈkawa]

Čaj [ˈtschai]

Filterkaffee

Espresso
Wiener Kaffee (mit Schlag-
sahne)
Tee